碳排放约束下
中国轻工业绿色生产率
及转型路径研究

兰梓睿 著

天津社会科学院出版社

图书在版编目（CIP）数据

碳排放约束下中国轻工业绿色生产率及转型路径研究/
兰梓睿著 . --天津：天津社会科学院出版社，2020.11
ISBN 978-7-5563-0664-0

Ⅰ.①碳… Ⅱ.①兰… Ⅲ.①轻工业 – 产业发展 – 研
究 – 中国 Ⅳ.①F426.8

中国版本图书馆 CIP 数据核字（2020）第 199172 号

碳排放约束下中国轻工业绿色生产率及转型路径研究
TANPAIFANG YUESHUXIA ZHONGGUO QINGGONGYE LVSE SHENCHANLV JI
ZHUANXING LUJING YANJIU

出 版 发 行：天津社会科学院出版社
地　　　址：天津市南开区迎水道 7 号
邮　　　编：300191
电话/传真：（022）23360165（总编室）
　　　　　　（022）23075303（发行科）
网　　　址：www.tass-tj.org.cn
印　　　刷：北京建宏印刷有限公司

开　　　本：787×1092 毫米　1/16
印　　　张：12
字　　　数：175 千字
版　　　次：2020 年 11 月第 1 版　2020 年 11 月第 1 次印刷
定　　　价：68.00 元

前　言

　　在应对全球气候变暖、节能减排的背景下,轻工产业实现绿色发展、低碳转型并不是一味追求绿色低碳而限制轻工产业的经济增长,应该改变轻工产业以往由要素驱动的投入导向型的粗放发展方式,走一条由创新驱动的效率导向型的低碳发展道路。在能耗降低与碳排放减少的约束下,促进轻工产业绿色全要素生产率对轻工产业经济增长的贡献,使绿色技术进步与技术效率成为轻工产业绿色发展、低碳转型的重要驱动力。因此,考虑能源消耗降低与碳排放减少的双重约束下对我国轻工产业绿色全要素生产率的科学评价,并积极探索我国轻工产业绿色全要素增长的驱动力、行业和区域差异性以及路径选择,是一项既具有理论创新又具有实践意义的重要课题。

　　本书在分析我国轻工产业碳排放发展趋势以及因素分解的基础上,将轻工产业碳排放量作为非期望产出纳入全要素生产率模型,利用数据包络分析以及方向性距离函数,测算了2007年到2016年我国轻工产业16个细分行业绿色全要素生产率的增长情况,以及我国30个省区市(西藏和港澳台除外)轻工产业绿色全要素生产率变化情况,分析了轻工产业绿色生产率行业以及省际差异,并通过对轻工业绿色生产率的分解发现了轻工业绿色生产率增长的驱动力;利用系统"广义矩估计"(GMM)等计量方法,从轻工业细分行业角度和区域角度,对我国轻工产业绿色生产率增长以及分解项绿色技术效率、技术进步的影响因素做了实证检验;根据实证检验结果分析了我国轻工产业从行业层面和区域层面的绿色发展路径以及政策措施。主要得到以下结论和创新点：

第一,以2007年到2016年我国轻工产业16个细分行业投入产出为基础数据,对我国轻工产业行业层面进行绿色全要素生产率测度和将其分解为技术进步与技术效率两个因素,可知:(1)我国轻工产业绿色全要素生产率指数总体上先不断上升然后呈现出断崖式下降,技术进步指数走势基本与全要素生产率一致,技术效率指数除个别年份有小波动,其余时间几乎保持不变的状态。同时还发现,我国轻工产业大部分行业的绿色生产率增长主要是由技术进步因素推动的,技术效率因素总体上抑制了轻工产业绿色生产率的增长。(2)从细分行业和行业组分析,全部行业以及两大类行业组的技术效率指数总体上呈现出围绕着"1"上下波动的趋势,都经历了一个被拉伸的"W"型变动轨迹,技术进步指数走势线基本一致,均呈现出一条被拉伸的"N"型变动轨迹。同时还可以得到技术进步因素是轻工产业各行业绿色全要素生产率增长的主要驱动力,以农产品为原料的轻工行业的技术效率明显低于以非农产品为原料的轻工行业的技术效率,而以农产品为原料的行业技术进步指数略高于以非农产品为原料的行业技术进步指数。

第二,以2007年到2016年我国各省区市轻工产业投入产出为基础数据,对我国轻工产业区域层面进行绿色全要素生产率测度和将其分解为技术进步与技术效率两个因素,可知:(1)2008年到2016年,天津、上海和安徽等省市的轻工产业绿色生产率平均增长率达到了10%左右,而河北、山西、辽宁、吉林、山东、广西、贵州和新疆等省区市的轻工产业绿色生产率平均增长率出现了负增长,其中轻工产业技术进步因素对我国各省区市轻工产业绿色生产率的增长起到了促进作用,而技术效率因素抑制了各省区市轻工产业绿色生产率的增长。(2)全国和非优化开发区域轻工产业绿色生产率指数趋势呈现出倒"N"型的变动,优化开发区域生产率指数线变动过程中出现波折,但是总体上出现了下降的趋势。同时还可以发现轻工产业绿色全要素生产率的增长主要来自技术进步因素的推动。轻工产业技术效率的改善是推动我国区域轻工产业绿色生产率增长的一条重要路径。

第三,构建了我国轻工产业行业动态面板模型,利用系统 GMM 方法实证分析了考虑碳排放约束下的我国轻工产业行业绿色全要素生产率以及分解项的影响因素,可以得到:行业规模因素与轻工产业行业层面绿色生产率和技术效率负相关,与技术进步正相关,但是在统计学上都表现为不显著,禀赋结构因素对轻工业各行业绿色生产率增长及其分解项的影响是负向显著的,产权结构因素与轻工业行业层面绿色生产率及分解项呈现出显著正相关,能源结构因素对轻工业各行业绿色生产率以及分解项产生了显著的负面影响,研发水平因素对轻工产业绿色生产率及其分解项产生了显著的正向作用,外资规模因素对轻工业各行业绿色生产率以及分解项的影响是不显著的。

第四,构建了我国区域层面的动态面板模型,利用系统 GMM 方法实证分析了考虑碳排放约束下的我国区域层面的绿色全要素生产率以及分解项的影响因素,可以得到:行业规模因素同各省区市轻工业绿色生产率以及技术进步负相关,与技术效率正相关,但是在统计学上均不显著,禀赋结构因素对轻工产业区域层面的绿色生产率增长以及技术进步产生了显著的促进作用,产权结构因素与轻工业区域层面的绿色生产率及分解项呈现出显著负相关,能源结构因素对各省区市轻工业绿色技术效率、技术进步产生了负面影响,研发水平因素显著促进了各省区市轻工业绿色技术效率的改善和技术进步的提升,并促进了轻工业绿色生产率的增长,外资规模因素、政府干预因素对轻工产业绿色生产率的增长以及分解项的影响都不显著。

目　　录

第一章
概　述

第一节　研究背景及意义

一、研究背景

近年来,全球气温上升、温室效应严重,尤其是对全球海洋的影响,一方面从全球尺度上看,海洋表层的温度上升幅度最大,另一方面由于气温上升,全球范围内的冰川几乎都在持续融化,进而导致了海平面的上升。相关研究成果也印证了上述观点,如1971年到2010年,全球海洋表层75米以上深度的海水温度以每十年0.11℃左右的增速上升,而海冰范围的退缩也很严重,如1992年到2011年间,北极圈内的海冰范围以每十年3.5%～4.1%的速度缩小,另外1901年到2010年期间全球海平面平均上升了0.19米,这些均是由温室效应造成的不良影响。[1]然而,大多数科学家经过研究认为,导致全球气温上升、温室效应的主要原因是人为活动带来的二氧化碳(CO_2)、甲烷(CH_4)和一氧化二氮(N_2O)等温室气体的排放。[2]

从前工业化时代起,人为造成的温室气体排放就开始大幅度增加,且保持着高速增长的态势。在不断增长的全球温室气体中,二氧化碳的排放量比重最大,1970年到2010年,由燃烧化石燃料以及工业生产过程中排放的二氧化碳占温室气体总量的78%左右,而且这40年间二氧化碳的排放量约占据了近300年累积二氧化碳排放量的一半[1],可见由化石燃料燃烧以及工业生产排放的二氧化碳正以惊人的速度不断增加。再者,科学家对温升影响的预测研究表明,如果对全球温室气体排放不加以控制,到2100年全球温度将超过前工业化水平4℃,这意味着大量物种灭绝,全球以及各国将会陆续出现粮食供应不足,甚至人类正常的生活将受到严重的限制;如果全球气温超过前工业化水平1℃～2℃,严重威胁人类生存的极端天气等气候变化风险将增加。[1] 所以,干预并控制全球二氧化碳排放量将是应对全球温室效应的重中之重。有研究报告指出,为了防止出现上述灾难性的气候变化,全球气温将控制在前工业化水平 1.5℃,二氧化碳排放量在 2050 年需要下降到 2010 年的 70% ~95%。[1]

面对如此严峻的形势,各国以及各环保组织都相继投入到减缓全球温室效应以及二氧化碳的减排任务中。值得关注的是,1988 年起世界气象组织与环境规划署联合成立了政府间气候变化委员会(IPCC),该机构吸纳了各国气候变化方面的专家,对全球气候变化进行了评价,并在 1990 年、1995 年、2001 年、2007 年和 2013 年分别发布了全球气候变化评价报告,清晰地描述了全球气候变暖的动因、趋势以及减排途径等,不仅为各国应对日益严峻的温室效应提供了全面的科学依据,也进一步促进了有关气候变化的国际谈判进程,其代表性协约如 1992 年的《联合国气候变化框架公约》和 1997 年的《京都议定书》等,为各国致力于治理温室气体排放构建了基本框架。再者,另外一个里程碑式的国际法律文件《巴黎气候变化协定》,规划了 2020 年全球应对气候变化的行动指南,并提出了 21 世纪全球平均气温上升幅度控制在 2℃之内,超过前工业化时期水平控制在 1.5℃之内的目标。然而 2018 年 10 月,政府间气候变化委员会发布了《全球 1.5℃增温特别报告》,比较了全球温控 2℃ 和 1.5℃ 的区别,力求将温度控制在 1.5℃,并描述了减排路径。可见,应对全球气候变暖、温室效应的标准更加严苛、任务更加艰巨,同时也见证了各国以及各组织积极应对气候变化的决心和信心。

中国作为二氧化碳排放量最大的国家,不仅需要应对日益严峻的气候变化问题,更需要应对来自国际社会对中国节能减排施加的压力,所以中国也积极投身于控制温室气体的排放,并做出了一系列的具体举措。

从国际角度分析,中国积极参与国际气候谈判并积极履行节能减排的职责。2015 年 6 月,中国向《联合国气候变化框架公约》秘书处正式提交了《国家自主减排贡献方案》,《方案》提出治理目标:2030 年左右我国碳排放量将达到峰值,非化石能源占一次能源比重增加到 20% 左右,以 2005 年为基期,碳排放强度下降 60% ~65%,森林蓄积量增加 45 亿立方米左右。2016 年,中国加入《巴黎气候变化协定》，成为第 23 个完成批准协定的缔约方，并按照协定履约。

从国内规划政策角度看，中国政府高度重视应对气候变化问题，始终将节能减排工作纳入每一个五年规划发展阶段，如 2006 年发布的《中国国民经济和社会发展第十一个五年规划纲要》提出了能源消耗以及碳排放量减少的具体指标，2011 年的《中国国民经济和社会发展第十二个五年规划纲要》要求进一步控制单位 GDP 能源消耗和单位 GDP 碳排放指标等，上述减排目标基本实现。正在实行的《中国国民经济和社会发展第十三个五年规划纲要》提出了积极应对气候变化的具体措施，并着重强调有效控制电力、钢铁、建材、化工等重点行业的碳排放量，推进工业、能源、建筑、交通等重点领域的低碳发展，可见我国下一步工作重点将转向控制重点产业的碳排放并进行低碳转型。党的十九大报告同样提出了加快建立绿色生产和消费的法律制度和政策导向，不仅大力发展清洁生产产业，实行生产系统中的资源节约和循环利用，也倡导绿色低碳的生活方式，所以如何推进产业绿色发展、低碳转型是未来我国节能减排工作的一个重要方向。另外，"两山"理论，促进全要素生产率的提高；同年，中央经济工作会议在此基础上明确了我国实行高质量经济发展的要求，其中绿色发展是高质量发展的重要方向。为了应对气候变化问题，我国实行产业低碳转型、工业绿色生产以及绿色发展等政策，其本质是降低工业生产过程中的能耗以及减少二氧化碳的排放量，从而提高绿色全要素生产率，所以，以绿色全要素生产率为入手点，研究我国工业层面节能减排的转型路径，对我国应对气候变化、实现减排目标有十分重要的意义。

在我国工业化进程中，轻工产业是我国工业不可缺少的组成部分，在我国经济和社会发展过程中发挥了重要作用。一方面，轻工产业是我国国民经济中重要的支柱产业，促进了我国经济的繁荣发展，同时它也是外汇出口第一大产业[3]，具有较强的国际竞争力；另一方面，轻工产品大部分会直接成为人民生活消费的必需品，轻工产业的发展水平关系着我国人民的物质文化生活水平。因此，轻工产业绿色发展、低碳转型不仅可以推动我国工业节能减排进程的加快，促进我国应对气候变化能力的提高，更早完成碳排放减排目标，还可以倒逼我国居民消费方式的低碳转型，成为生产方式绿色化与居民消费方式绿色化的桥梁。[4]此外,轻工产业在我国制造强国战略中具有不容忽视的地位,该战略规定了 2025 年前规模以上工业企业单位工业增加值能耗相比 2015 年下降幅度达到 34%,以及单位工业增加值二氧化碳排放量相比 2015 年下降幅度达到 40% 等要求。上述要求体现了我国轻工产业实现绿色发展、低碳转型的重要性,同时也对轻工产业在降低能耗、减少碳排放量方面提出了更高的要求。

在应对全球气候变暖、节能减排的背景下,轻工产业实现绿色发展、低碳转型并不是一味追求绿色低碳而限制轻工产业的工业增长,应该改变轻工产业以往由要素驱动的投入导向型的粗放发展方式,走一条由创新驱动的效率导向型的低碳发展道路,在能耗降低与碳排放减少的约束下促进轻工产业绿色全要素生产率对轻工产业工业增长的贡献,使绿色技术进步与技术效率成为轻工产业绿色发展、低碳转型的重要驱动力。所以,在全球绿色发展、低碳转型的大环境下,考虑能源消耗降低与碳排放减少的双重约束下对我国轻工产业绿色全要素生产率的科学评价,并积极探索我国轻工产业绿色全要素增长的驱动力,行业和区域差异性以及路径选择,是一项既具有理论创新又具有实践意义的重要课题。

综上所述,本书拟对以下问题展开研究:第一,对我国轻工产业碳排放核算,分析我国轻工产业经济、能源以及碳排放发展走势以及脱钩状态;第二,对我国轻工产业碳排放因素分解,分析轻工产业碳排放各影响因素的贡献度;第三,将轻工产业碳排放作为非期望产出纳入全要素生产率分析框架,测算我国轻工产业行业层面与区域层面绿色全要素生产率以及分解项;第四,分析碳排放约束下我国各省区市轻工产业以及轻工产业各行业绿色全要素生产率增长的影响因素,并探索绿色发展的转型路径。

二、研究意义

在上述背景下,本书将分析我国轻工产业经济、能源和碳排放发展的走势,研究轻工产业行业层面与区域层面绿色全要素生产率以及分解项增长情况,探求促进我国各省区市轻工产业以及轻工产业各行业绿色全要素生产率增长的影响因素,并从行业和区域两个角度提出我国轻工产业绿色发展路径以及政策措施。本研究意义如下:

（1）理论意义。本研究将轻工产业能源消耗作为投入量、碳排放量作为非期望产出纳入全要素生产率分析框架,利用带有生产前沿的非参数 DEA 方法,并借助马尔奎斯特(Malmquist)指数模型和方向距离函数,测算和分解考虑碳排放约束下的全要素生产率的增长。为了行文方便,考虑碳排放约束下的全要素生产率简称为绿色全要素生产率或绿色生产率。在测算轻工产业绿色全要素生产率基础上,基于计量经济学实证方法,从区域和轻工产业行业两个层面研究了轻工产业绿色生产率的影响因素,丰富了绿色全要素生产率的方法体系和理论体系。再者,本研究也有助于产业层面全要素生产率研究体系的完善。国内外学者大多从国家或区域层面的大门类产业入手对产业全要素生产率进行研究,很少对两位数行业深入研究,本书利用我国轻工产业两位数行业基础数据,研究了轻工产业绿色全要素生产率以及影响因素,对产业层面全要素生产率研究体系的完整性做了补充。

（2）现实意义。首先,作为连接生产端与消费端的轻工产业,实现其绿色发展、低碳转型,不仅可以推动我国工业节能减排进程的加快,促进我国应对气候变化能力的提高,更早完成碳排放减排目标,还可以倒逼我国居民消费方式的低碳转型,促进我国居民绿色生活方式的形成。所以,探索轻工产业绿色全要素生产率增长情况以及影响因素,对我国应对气候变化以及居民生活方式的绿色转变有着重要的现实意义。其次,轻工产业是我国国民经济的支柱产业、民生产业,但是轻工产业不同行业间的经济增长模式不同,不同省市、区域的轻工产业发展水平差异较大,故需要从轻工产业行业和区域异质性分别进行针对性分析。本研究基于 30 个省区市(西藏和港澳台除外)的轻工产业以及轻工产业 16 个细分行业基础数据,分别从区域层面和行业层面测算了轻工产业绿色全要素生产率的增长情况,并揭示了轻工产业技术进步与技术效率对轻工产业绿色生产率的贡献,进一步挖掘轻工产业绿色生产率增长的驱动力,对我国不同省市和不同轻工业行业部门探寻绿色发展机制、低碳转型路径具有现实性的指导意义。

第二节   研究内容与框架

一、研究内容

本书围绕着"考虑碳排放约束下的我国轻工产业绿色生产率测算以及影响因素"这一核心主题展开研究,具体研究内容如下:

第一章为概述。首先分析了本课题的研究背景,面对全球气候变化的严峻形势和节能减排目标的双重压力,我国轻工产业绿色发展、低碳转型具有重要的研究意义;其次明确了本研究的内容框架;最后提出了本研究的主要创新点。

第二章为理论基础与文献综述。本章从相关概念、基础理论以及研究方法等方面入手,对全要素生产率理论进行分析和回顾,并且梳理和总结了国内外关于全要素生产率以及其影响因素的研究文献,阐述了我国轻工产业全要素生产率研究现状。

第三章为我国轻工业经济增长、能源消耗与碳排放发展趋势。本章在回顾2007年到2016年轻工产业经济增长和能源消耗的基础上,运用政府间气候变化委员会推荐的方法对轻工产业碳排放量进行核算,着重考察了轻工产业碳排放走势及特征,以及利用塔皮奥(Tapio)模型测算了2008年到2016年我国轻工产业在工业总值与能源消耗、碳排放的脱钩状态。

第四章为基于LMDI的我国轻工业碳排放因素分解。本章在卡亚(KAYA)恒等式基础上,利用LMDI模型将我国轻工产业碳排放影响因素分解为就业规模效应、人均产值效应、产业结构效应、能源强度效应和能源结构效应等,并分析了其逐年效应和累积效应。

第五章为考虑碳排放的轻工产业绿色全要素生产率测算。本章将轻工产业碳排放量作为非期望产出纳入全要素生产率模型中,在全局DEA评价方法基础上,采用方向性距离函数和马尔奎斯特－伦伯格(Malmquist－Luenberger)生产率指数,基于2007年到2016年我国30个省区市(西藏和港澳台除外)轻工产业以及轻工产业16个细分行业投入产出基础数据,分别对我国轻工产业区域层面和行业层面进行绿色全要素生产率测度和将其分解为技术进步与技术效率两个因素,最后根据测算结果,探究我国轻工产业区域层面和行业层面绿色生产率增长的驱动力。

第六章为考虑碳排放的轻工产业绿色全要素生产率影响因素。本章从国内外工业全要素生产率影响因素的研究成果入手,基于2008年到2016年我国轻工产业行业和区域层面的面板数据,分别构建了我国轻工产业行业层面和区域层面的动态面板模型,利用系统GMM方法实证分析了考虑碳排放约束下的我国轻工产业行业层面和区域层面的绿色全要素生产率以及分解项的影响因素。

第七章为碳排放约束下我国轻工产业绿色发展路径研究。本章根据上文对轻工产业行业层面和区域层面绿色全要素生产率影响因素的实证分析结果,分别提出轻工产业行业层面和区域层面绿色发展路径及政策措施。

第八章为结论与展望。对本课题的主要研究结论进行阐述,指出本研究存在的不足,并对未来的研究重点提出展望。

二、研究框架

本文的研究框架如下图1－1。

三、主要创新点

本课题的创新点主要包括以下三点:

第一,在研究方法上,在全局DEA评价方法基础上,采用方向性距离函数和马尔奎斯特－伦伯格(Malmquist－Luenberger)生产率指数,测算了我国轻工产业16个细分行业以及30个省区市(西藏和港澳台除外)轻工产业绿色全要素生产率以及分解项的增长情况,解决了由于初始生产前沿面变动而导致的生产率测算偏差,同时也有效弥补了线性规划模型无可行性解的缺陷。另外,对轻工产业绿色全要素生产率增长的影响因素进行实证检验,运用了轻工产业行业层面和区域层面的面板数据,采用系统GMM方法分别从行业和区域两个角度进行计量

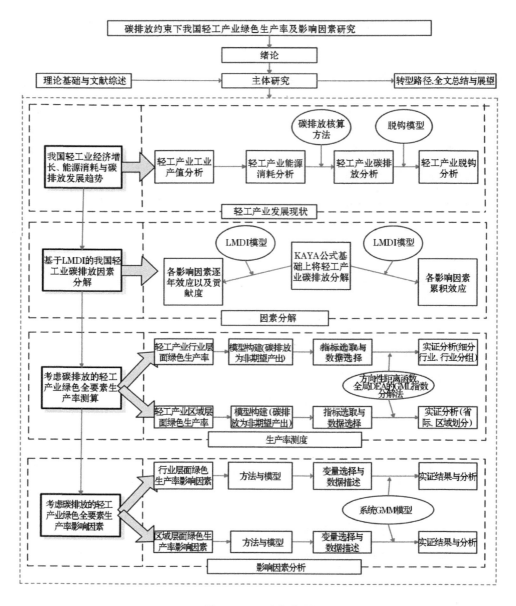

图 1 - 1 研究框架图
Figure 1 - 1 Research framework

检验,其中采用的动态面板数据模型避免了传统静态面板数据模型可能出现的变量之间的内生性问题。

第二,在研究内容上,本课题从宏观和微观两个角度同时测算了我国轻工产业绿色全要素生产率的增长情况,并且将绿色生产率分解为绿色技术进步与技术效率,更进一步分析了绿色生产率增长的驱动力。宏观上,采用了我国 30 个省区市(西藏和港澳台除外)轻工产业的基础数据,并根据《全国主体功能区规划》将其划分为优化开发区域和非优化开发区域,进行区域差异性分析;而微观上,利用了轻工产业 16 个细分行业的基础数据,并按其生产原料不同,分为以农产品为原料和以非农产品为原料的两类轻工行业,并进行对比分析,丰富了轻工产业绿色发展、低碳转型的基础性研究,同时也完善了轻工产业绿色全要素生产率研究体系。

第三,在研究结论上,本课题从行业和区域视角研究了轻工产业绿色生产率的增长情况,可以发现,从两个视角都得到技术进步是轻工产业绿色生产率增长的主要驱动力,通过多个维度的研究得到了更可靠的研究结论。另外,对轻工产业绿色生产率的影响因素从行业和区域两个角度进行实证分析,可以得到产权结构和研发水平因素促进了轻工产业行业层面绿色生产率的提高,然而从区域角度来看禀赋结构和研发水平因素推动了轻工产业绿色生产率的增长等结论。以上研究结论可以为我国轻工产业的绿色发展、低碳转型提供更多的研究方向和着力点。

第二章

理论基础与文献综述

本研究主要探讨了碳排放约束下我国轻工产业绿色全要素生产率以及影响因素,而全要素生产率也在经济增长理论中充当着重要角色,推动了经济长期、可持续的增长。目前,国外学者从不同角度对全要素生产率进行了研究,研究视角涵盖了宏观层面的国家、省区市以及微观层面的单独产业、企业等。本章对全要素生产率涉及的相关观念、理论以及全要素生产率测度方法进行了文献梳理以及评述,同时对全要素生产率影响因素和轻工产业全要素生产率等相关研究进行了综述,为本研究提供了合理和科学的分析框架,也为后文的实证分析提供了理论基础。

第一节　相关概念与基础理论

一、相关概念

效率是全要素生产率的基础性概念,从经济学角度是指投入的资源最小化,尽可能产出最大化,或是使用最少的资源最大程度地满足人们的物质需求。在生产领域中,学者们对效率给出了多种解释,如产出量与投入量的比值,或是使用价值与劳动时间的比值,也有具体的描述,如当不降低一种产品的产量的前提下,经济系统能实现另一种产品的最大产量,即当生产点处于生产可能性边界上,经济系统处于生产的效率状态等。对效率的众多研究中,意大利经济学家帕累托对效率的描述更加准确,即在分配经济资源的过程中,经济体所有人的状况保持不变的前提下,至少有一个人的状况得到改善或更好,那么此时的资源配置最优(称为帕累托最优或是帕累托效率)。效率中的生产可能集、距离函数和生产前沿等概念与下文有密切联系。法尔(Fare)与普里蒙特(Primont)[5]在研究中提出生产可能集的概念,清楚地描述了多投入和多产出的过程。然而,生产可能集并不能用于理论分析和实证检验,所以马尔奎斯特(Malmquist)[6]、谢泼德(Shephard)[7]分别提出了方向距离函数用于解决此问题。在此基础上,法尔(Farrell)[8]的研究中刻画了产出距离函数,同时对生产前沿面理论也做了开创性的研究,基于法尔(Farrell)的研究,艾格纳(Aigner)与楚(Chu)[9]以及福桑德(Forsund)与詹森(Jansen)[10]等学者改进了模型,求解得到生产前沿面上的参数。

全要素生产率是指涵盖了所有生产要素的生产率测量。而生产率的概念最早由奎斯奈(Quesnay)在1766年提出,是指生产者对生产要素(如人才、物料、资金等)的有效使用程度,也可以理解为将有限的资源转化为实际产出的比值关系[11]，即投入与产出、成本与收益之间的关系。在生产率概念的基础上，1942年荷兰经济学家廷伯格（Tinberger）[12]在自己的著作中首次描述了全要素生产率的概念，将原有的生产函数中加入时间变量，扩充为劳动力、资本和时间因素来测算生产率。随后，经济学家斯蒂格勒（Stigler）与萨缪尔森（Samuelson）[13]以及巴顿（Barton）与库珀（Cooper）[14]分别以美国制造业和农业为例，利用全要素生产率的测算方法对其进行研究。在接下来对全要素生产率的研究中，值得关注的是1957年索洛（Solow）[15]基于原有的模型进行了改进，并对全要素生产率进行了全新的解释，他认为全要素生产率是总产出的增长值扣除由资本和劳动力投入增长后的"余值"（后被称为索罗余值或索罗剩余），并且索洛（Solow）进一步提出了这个"余值"是由技术进步与技术创新带来的。然而，许多学者并不同意此观点，他们认为技术进步和技术创新不能完全代表全要素生产率，全要素生产率还与其他因素有关，如知识结构、管理者能力等。如丹尼森（Denison）[16]的研究中细分了投入要素，并得到知识进步在生产中的应用也促进了经济增长；肯德里克（Kendrick）[17]对全要素生产率的概念进一步完善，发现全要素生产率的产出量与投入量的比值才是经济增长的主要动力等。另外，乔根森（Jorgenson）[18,19]等学者对全要素生产率的测度方法提出了新的思路，利用指数法中的超越生产函数测算了全要素生产率的变化。随着研究的深入，又有一个重要问题显现出来，全要素生产率中除了资本和劳动力以外的要素成本从何而来，如创新成本由谁来承担？罗默（Romer）[20]与阿基翁（Aghion）、霍伊特（Howitt）[21]在他们的研究中给出了答案，他们认为可以赋予创新者对创新产品垄断的权利，即专利制度的雏形，可以利用专利商业化支付创新要素的成本。

近年来，全要素生产率理论已被多个领域广泛应用，如政策分析、能源、金融等[22-25]，同时国内外学者也将全要素生产率理论用于中国问题的研究[26-28]。国外学者杨（Young）[29-31]依据中国统计局数据，对投入要素资本存量进行估算以及修正了价格指数，在此基础上对中国全要素生产率进行了测算；而帕金斯（Perkins）与拉夫斯基（Rawski）[32]测算了中国全要素生产率的增长速度，并基于此速度预测了未来中国经济的增长速度。国内学者张军与施少华[33]研究了

1952 年到 1998 年中国经济全要素生产率以及增长率情况,发现改革开放后中国经济全要素生产率明显高于前期;蔡昉[34]提出,中国亟须调整政策,促进资源配置效率,并利用技术进步和体制改革等方式促进中国经济的增长。随着中国经济增长方式的转变,国内学者对全要素生产率的研究主要集中在我国经济高质量增长以及经济结构调整[35-38]方面。

上述文献对中国全要素生产率的研究中未纳入环境因素,而现实的生产环境中很难不排放污染物,所以对中国而言,无论是区域还是产业角度,治理环境污染都需要大量的资金,若只考虑资本和劳动力等生产函数中的投入要素,不能真实而全面地体现中国经济的增长情况。[39]随着研究的深入以及中国环境问题的突出,国内外学者将环境因素纳入中国经济全要素生产率的研究中[40-42],近些年的文献主要集中研究中国产业层面的绿色全要素生产率,如工业[43-46]、农业[47,48]等,以及测算了中国省际[49-52]、区域[53-56]和单独省份[57,58]的绿色全要素生产率。关于中国绿色全要素生产率的研究中,大多数文献对环境因素指标选取了多个,如废水、废气和固体废弃物等,虽然很全面,但是很难突出某个环境指标的发展程度,以及由于各种污染物特性不同,很难归为一类分析并提出政策建议。另外,上述文献中区域层面绿色全要素生产率的研究只是根据地理位置相近归为一类,如东、中、西部划分等,并没有考虑国家发展战略,如按照国家主体功能区划分等。

二、基础理论

全要素生产率理论的基础理论是经济增长理论。梳理和研究经济增长理论,不仅可以理清全要素生产率的发展脉络,也可以进一步了解全要素生产率的各细分要素,作为本课题的研究基础。学者们普遍认为经济增长理论大致分为古典经济增长理论、新古典经济增长理论和新经济增长理论。

古典经济增长理论以亚当·斯密(Adam Smith)、大卫·里卡多(David Ricardo)和托马斯·罗伯特·马尔萨斯(Thomas Robert Malthus)等学者为代表。1776年,斯密(Smith)[59]提出,一个国家劳动力数量越多、劳动力生产率越高,这个国家的国民收入就越高,同时他也提出经济增长驱动力主要来源于劳动者的分工方式、劳动者的技术进步以及扩大资本容量等观点。斯密的研究将资本积累作为经济增长的一个动力,为今后的研究奠定了基础。随后,里卡多(Ricardo)[60]在1817年围绕着资本积累展开了研究,他认为资本积累来源于生产企业的利润,而利润推动了经济增长,并提出经济增长路径一是促进技术进步,二是加强对外贸易。另外,马尔萨斯的《人口论》也是古典经济增长理论不可缺少的一本经典著作。他认为,当人口数量不断上涨,土地是有限的,那么土地的边际效益逐渐递减,土地产出量也就递减,然而经济增长会随着人口增长终止而停滞,二者达到稳定的状态。[61]总体来说,古典经济增长理论告诉我们,经济增长来源于劳动力、资本积累和土地等资源,虽然这些资源对经济增长的作用是不容忽视的,但是由于受限于当时的经济发展条件,没有强调技术进步在经济增长中的重要作用。

新古典经济增长理论的代表人物为罗伯特·默顿·索洛(Robert Merton Solow)和特雷弗·斯旺(Trevor Swan)等学者,其代表作《对经济增长理论的一个贡献》《经济增长和资本积累》[62]为新古典经济增长理论的发展奠定了基础。索洛[63]在1956年提出了索洛模型,其中假设技术进步为外生变量,且保持了一个稳定不变的增长幅度,资本边际收益因人均收入增长而递减的部分被保持增长速度的外生变量抵消,因此人均收入随着人均积累的不断递增而持续增加。索洛模型对新古典经济增长理论的发展起到了促进作用,但是有一定的局限性,如将技术进步作为外生变量,没有发现经济增长的真正原因。

保罗·罗默(Paul M. Romer)和罗伯特·爱默生·卢卡斯(Robert Emerson Lucas)等学者作为新经济增长理论的代表人物,围绕着技术进步作为内生变量这个主题展开研究,所以新经济增长理论又称为内生经济增长理论。肯尼斯·阿罗(Kenneth J. Arrow)[64]在1963年建立了第一个内生增长模型——"干中学"增长模型;罗默(Romer)[65]在阿罗(Arrow)研究的基础上建立了"知识外溢"模型,其中知识要素成为一个单独的生产要素,从而将技术进步内生化,并且认为经济增长的主要原因是知识水平的提高以及边际产出的递增。随后,罗默[66]、格罗斯曼(Grossman)与赫尔音曼(Helpman)[67]以及阿基翁(Aghion)与霍伊特

（Howitt）[68]等学者先后对知识外溢模型进行了改进并建立了科研技术投资模型,将科研技术投资活动看作独立的中间活动纳入模型,其产出为中间产品,从而促进了经济增长。而卢卡斯(Lucas)[69]在 1988 年建立了人力资本模型,他认为相比于知识要素,人力资本具有竞争性,而且相比于物质资本,人力资本更大程度地促进了经济增长,所以经济增长的动力是鼓励人们增加教育方面的投资。新经济增长理论的一个重要贡献,是将技术进步内生化,从而将技术进步与生产效率联系起来,但是并没有建立更有效的生产函数,而且忽略了制度的作用。

　　上述经济增长理论的经典文献并没有涉及资源与环境因素,但是随着经济的发展,环境问题日益突出,资源环境与经济增长的矛盾将是一个不容忽视的研究方向。考虑环境因素的经济增长理论主要分为两个方向:一是将环境因素纳入新古典经济增长模型,其中最经典的模型是拉姆齐－卡斯－库音曼斯（Ramsey－Cass－Koopmans）模型,该模型将环境与资源因素纳入生产和效用函数,借助最优控制理论,对消费者跨期最优消费进行求解。而其他学者的研究大多假设环境因素在效用函数的边际值为负,并且将环境因素作为投入要素纳入生产函数[70-74]。二是将环境因素纳入新经济增长理论,如斯托基(Stokey)[75]将环境因素纳入"干中学"模型,得到人均收入与环境质量的关系是一条倒"U"型曲线,并提出环境监管与资本收益率一致将促进经济增长。其他学者大多将环境因素纳入内生增长模型,探讨了经济增长与环境因素的关系[76-79]。

第二节　全要素生产率测度方法

　　随着国内外学者对全要素生产率的研究日渐深入,全要素生产率测度方法也趋于多样化,大致可以分为两类:参数法和非参数法。参数法主要有索洛余值法、随机前沿生产函数法,而非参数法主要是数据包络分析法。

一、参数法

参数法主要依据生产函数,选取生产函数形式可以进一步确定经济增长中的生产模式。这里主要介绍索洛余值法和随机前沿生产函数法。

第一,索洛余值法。索洛[11]认为经济增长是总产出的增长值扣除由资本和劳动力投入增长后的那部分"余值",后来被称为全要素生产率。假设总量生产函数为:

$$Y_t = A_t f(K_t, L_t) \tag{2.1}$$

其中,Y_t 表示总产出,K_t 表示资本投入量,L_t 表示劳动力投入量,A_t 表示技术变动或技术进步,并且满足规模报酬不变和希克斯(Hicks)中性等,那么全要素生产率增长率可以表示为:

$$\frac{dA_t}{A_t} = \frac{dY_t}{Y_t} - \alpha \frac{dK_t}{K_t} - \beta \frac{dL_t}{L_t} \tag{2.2}$$

索洛余值法虽然被许多学者用来测算全要素生产率,但是还有一些不足之处,如需要假设技术中性,没有考虑技术无效率的影响,结果只能得到全要素生产率的一个综合值,不能将全要素生产率继续分解等。另外,索洛余值法需要先设定生产函数的具体形式,所以大多数学者经常采用柯布道格拉斯生产函数以及超越对数生产函数等。

第二,带有参数的随机前沿生产函数法。学者艾格纳(Aigner)等[80]以及缪森(Meeusen)与布罗克(Broeck)[81]在他们的研究中提出带有参数的随机前沿生产函数法。他们发现一些不可控制的因素,如气候变化、劳动者能力差异以及统计误差等会导致技术非效率,加上存在随机扰动的影响,会出现无效率的生产,从而未能达到生产性可能边界,这意味着随机前沿模型的产生。具体公式如下:

$$Y_{it} = f(X_{it}, \alpha) e^{v_{it} - u_{it}} \tag{2.3}$$

$$TE_{it} = e^{-u_{it}} \tag{2.4}$$

其中,Y_{it} 代表 i 区域 t 时间的产出总量,X_{it} 代表 i 区域 t 时间的要素投入量,v_{it} 代表观测误差等随机因素,u_{it} 是随机扰动因素,代表技术非效率造成的误差,而且 u_{it} 与 v_{it} 互为独立的。TE_{it} 代表 i 区域 t 时间的技术效率发展程度。结合上述公式,若 $u_{it}=0,TE_{it}=1$,那么上述生产函数存在技术效率,处于生产前沿面上;若 $u_{it}>0,0<TE_{it}<1$,那么生产函数处于生产前沿面下。在艾格纳等学者建立模型的基础上,卡拉扬(Kalirajan)[82]、皮特(Pitt)与李(Lee)[83]借助两阶段回归方法,实证检验了上述模型中技术非效率造成的误差的影响因素,结果发现回归的假设前后不一致。随后的研究中,库姆巴卡尔(Kumbhakar)[84、85]将假设赋予一个适当的分布,并且对生产函数和技术非效率模型同时估算,巧妙地解决了卡拉扬、皮特与李发现的问题。

二、非参数法

非参数法主要是数据包络分析法(Data Envelopment Analysis, DEA),它属于确定性前沿法,即需要构建生产前沿面。数据包络分析法构建生产前沿面借助了非参数法,并且利用了线性规划等数学方法来测度全要素生产率。其特点主要体现在:一是它不需要对生产函数的构建和假设,以实际观测数据为导向,测算各决策单元的前沿面与最佳生产前沿面之间的相对距离,即技术效率[86];二是数据包络分析法是一种可以测度多项投入和多项产出的决策方法,其目的是评估各决策单元的相对效率水平[87]。而 DEA - 马尔奎斯特(DEA - Malmquist)指数法是一种系统的投入输出效率的评价方法,它可以将全要素生产率进一步分解为技术进步指数与技术效率指数等,从而可以得到生产率增长的动力来源。

1953 年,瑞典学者斯通·马尔奎斯特(Sten Malmquist)[88]在对消费量指数的研究中,为了使已知的消费组合达到无差异曲面,提出了缩放因子之比的方法,即马尔奎斯特(Malmquist)指数的初始形式。与之对应的距离函数,由谢泼德(Shephard)[89]在对生产函数的研究中提出。法雷尔(Farrel)[90]在 1957 年对英国农业生产力的研究中对技术效率进行了描述,其中提到了包络的分析方法。但是,由于三位学者并没有找到如何度量的数学方法,以上研究一直没有得到其他学者的关注。直到 1978 年,美国运筹学家沙尔内(Charnes)等[91]利用线性规划的数学方法来评价效率,即数据包络分析法,而且在研究中还建立了投入导向与规模报酬不变模型。随着研究的深入,班克(Banker)等[92]学者将规模报酬不变模型拓展为可变规模报酬模型。另外,效率的概念也被广泛应用,卡夫

(Caves)等[93]学者在生产领域的研究中运用了马尔奎斯特消费指数,并提出马尔奎斯特生产率指数的概念,即马尔奎斯特指数分析方法。然而法尔(Fare)等[94]学者将数据包络分析法与马尔奎斯特指数法结合起来,将理论分析转向实证检验,将指数进一步分解成技术进步、技术效率等指数。随后的研究[95-97]对模型进行了修正,并提出了广义马尔奎斯特指数的定义等。

数据包络分析法提出后,多个领域(如管理学、经济学、运筹学等)的学者[98-100]纷纷对该方法进行研究以及评价,从而推动了数据包络分析法体系的完善,其中库珀(Cooper)等[101]学者对数据包络分析法进行了全面而详细的分析。下面简单介绍数据包络分析法,并对后文全要素生产率的测算做下铺垫。

假定决策单元(DMU)有 r 个,每个决策单元都包括 I 种投入以及 J 种产出,那么 x_{ir} 表示 DMU_r 第 i 种投入量,y_{jr} 表示 DMU_r 第 j 种产出量。每个 DMU 至少包括一种投入和一种产出[102],并且利用产出与投入的比值表示 DMU 的效率。根据沙尔内(Charnes)等学者提出的 CCR 模型,最佳权重是由最大化产出与投入的比值确定的[91]。可以利用线性规划对其求解最大化产出:

$$\max \sum_{j=1}^{J} a_j y_{j0} \tag{2.5}$$

$$s.t. \sum_{j=1}^{J} a_j y_{jr} - \sum_{i=1}^{I} b_i x_{ir} \leqslant 0$$

$$r = 1, 2, \cdots, R$$

$$\sum_{i=1}^{I} b_i x_{i0} = 1 \tag{2.6}$$

$$a_j, b_i \geqslant 0,$$

$$i = 1, 2, \cdots, I$$

其中,DMU_1 至 DMU_r 的效率数值可以通过对上述模型 r 个分别求解可得,但是上述模型的求解常常利用它的对偶问题得到:

$$\min \theta \tag{2.7}$$

$$s.t. \sum_{i=1}^{I} x_{ir} \mu_r \leqslant \theta x_{i0}$$

$$i = 1, 2, \cdots, I$$

$$\sum_{j=1}^{J} y_{jr}\mu_r \geqslant y_{j0} \tag{2.8}$$
$$j=1,2,\cdots,J$$
$$\mu_r \geqslant 0, r=1,2,\cdots,R$$

上述模型是 CCR 模型的投入导向型,表示产出保持不变的前提下,将等比例减少 DMU_0 的投入量,θ 为效率值,而 μ 为模型中的权重向量,另外 θ_e 表示最优解。结果中,若 =1 表示 DMU 为 DEA_{CCR} 有效,说明当前环境下投入和产出无需改进;若 $\theta_e < 1$ 表示 DMU 为 DEA_{CCR} 无效,说明当前条件下需要对投入和产出进行改进。上述模型在经济学领域中也有学者[103-105]进行研究,十分接近。随着研究的深入,班克(Banker)等学者发现 CCR 模型与现实情况并不符合,于是将 CCR 模型中规模报酬不变的假设条件扩展为规模报酬可变,并加入了权重向量为 1 的假设,从而构建了 BCC 模型。换句话说,BBC 模型比 CCR 模型的约束条件又多了一项,如果 CCR 模型中的 DMU 显示 DEA 有效,说明技术因素或规模因素有效,然而如果 BCC 模型中的 DMU 显示 DEA 有效,只能说明技术因素有效。

随着数据包络分析法的不断完善,越来越多国家的主管环境能源的部门开始接受这种方法[106,107],同时周(Zhou)[108]等学者通过调查研究表明环境能源领域中数据包络分析评价方法使用最为广泛。近年来,许多学者[109-115]将数据包络分析法用于不同区域、不同产业的绿色生产率的分析中。

第三节　绿色全要素生产率文献综述

上文围绕着全要素生产率的基本概念、基础理论以及测度方法等方面进行了梳理以及分析,发现越来越多的学者逐渐转向绿色全要素生产率的研究。由于本课题主要研究轻工产业绿色全要素生产率以及影响因素,所以主要从产业和区域两个角度对绿色全要素生产率进行文献综述,并且梳理和分析我国轻工产业相关研究文献。

一、绿色全要素生产率产业层面

从产业层面研究绿色全要素生产率的文献较多,主要针对某项产业(比如工业[116-118]、农业[119-122]等)绿色全要素生产率测度以及产业绿色全要素生产率的影响因素(如单因素[123-128]或多项因素[129-135]等)分析。具体说,许多学者从工业角度研究绿色全要素生产率,如吴英姿和闻岳春[136]对1995年到2009年中国工业绿色全要素生产率进行了测算,并估计了碳排放减排成本,结果发现由于绿色技术进步的推动,绿色全要素生产率呈现出先上升后下降的趋势,而减排成本则呈现上下浮动的上升;周五七和武戈[137]从中国各省区市的角度出发,估算了中国工业绿色生产率,并得到技术进步促进了工业绿色生产率的增长,而技术效率则抑制其增长的结论;孟祥林和张宁[138]考察了近30年中国制造业的发展状况,并测度了其子行业的绿色全要素生产率,发现促进绿色生产率增长的因素主要是技术进步,而抑制其增长的是规模效率因素等。中国农业资源丰富,而且农业产量也很大,故有不少国内学者对农业绿色全要素生产率进行了研究,如吴传清、宋子逸[139]主要针对长江经济带的农业展开研究,测度了1997年到2015年该地的绿色全要素生产率,发现绿色生产率虽然有上升的趋势,但低于全国水平;王留鑫等[140]学者对1998年到2014年我国省际层面的农业绿色全要素生产率进行了测算,发现由于碳排放量等因素的加入,农业绿色生产率低于传统全要素生产率。对其余产业绿色全要素生产率研究的较少,如唐建荣等[141]、刘战豫和孙夏令[142]分别对我国物流产业绿色全要素生产率进行了核算,而丁黎黎等[143]学者对我国海洋经济产业绿色全要素生产率进行了估算,发现推动绿色生产率增长的动力是技术进步等因素。

从产业角度绿色全要素生产率影响因素主要从两个方面展开研究,一是产业绿色全要素生产率单影响因素角度,如肖锐和陈池波[144]在测算了1995年到2014年我国各省区市农业绿色全要素生产率的基础上,实证分析了财政支持对农业绿色生产率有促进作用;屈小娥等[145]实证检验了制造产业多数行业的产业集聚对其全要素生产率的增长有促进作用;沈裕谋与张亚斌[146]研究了信息化和工业融合对工业化绿色全要素生产率的影响,发现两化融合质量制约工业全要素生产率的提升。二是从产业绿色全要素生产率多影响因素出发,如师博等[147]通过研究发现,加大技术创新的投入以及竞争激烈的市场环境下,可以直接促进制造业绿色全要素生产率的增长;刘英基[148]细化了制度因素和科研开发因素,分析了这些细化因素对工业绿色全要素生产率的影响作用;另外有部分学者将环境规制因素与其他因素(创新因素[149]、研发因素[150]以及行业异质性[151]等)相结合,分析了其对工业绿色生产率的影响。

通过以上文献的研究发现,对于产业绿色全要素生产率的研究主要集中在工业、农业等大部类产业,很少有专门针对轻工产业绿色生产率的研究,即使涉及轻工产业部分,也是作为工业的分支,更没有有关轻工产业细化行业的研究。另外,从文献中可知,产业绿色全要素生产率影响因素指标的选取应依据具体产业的特点筛选,如轻工产业一般是劳动密集型产业,那么行业劳动力数量因素应被采纳。

二、绿色全要素生产率区域层面

从区域角度研究绿色全要素生产率的文献主要分为两类,一是对某一区域(如国家[152-155]、省域城市[156-158]等)绿色生产率的测算分析,二是某区域绿色全要素生产率增长的影响因素(可大致分单因素[159-164]、多因素[165-170]等)。具体说,从国家层面测算绿色全要素生产率的文献不少,如黄秀路等[171]学者对“一带一路”沿线国家的绿色全要素生产率进行了测度,发现沿线国家的绿色生产率增长缓慢,其中亚洲生产率要高于欧洲;而宋长青等[172]以及刘华军等[173]学者以中国为例,分别采用数据包络分析方法不同分支测算了绿色全要素生产率,得出东、中、西部绿色生产率增长不均衡等结论。而从省域城市角度研究的文献,主要包括城市群、经济特区以及各省区市等方向,如李健和刘召[174]对我国京津冀、长三角和珠三角城市群的绿色生产率进行了研究,发现环境恶化等因素导致了三个城市群的绿色生产率处于低值水平;袁晓玲等[175]学者基于陕西省30年的基础数据,估算了陕西省的绿色全要素生产率,发现陕西省的绿色全要素生产率总体呈现增长的趋势;卢丽文等[176]以及李汝资等[177]学者以长江经济带城市为例,测度以及分析了绿色全要素生产率的增长情况,发现长江经济带的绿色全要素生产率增长较快,城市经济处于良性发展阶段。

对区域绿色全要素生产率影响因素研究的文献较多。部分学者对绿色生产率单独的影响因素进行了研究,将区域绿色生产率与金融发展[178,179]、环境规制[180-182]、收入差距[183]和老龄化[184]等因素联系起来,如陈阳和唐晓华[185]基于我国 285 个城市的基础数据,对制造业产业集聚因素影响城市绿色生产率的程度进行了研究,发现该因素对城市绿色生产率的影响呈现先促进后抑制的作用;武宵旭与葛鹏飞[186]将金融发展作为传导途径,分析了城市化对绿色生产率的影响,得出城市化先抑制后促进绿色生产率的增长等结论;葛鹏飞等[187]学者将创新因素分解为基础创新和应用创新,分别实证分析了两个因素对绿色生产率的影响,发现两者都显著促进了绿色生产率的增长。多影响因素方面,张建华和李先枝[188]选取了地方政府干预以及环境规制因素对我国各省区市绿色全要素生产率的影响进行了研究,而何爱平与安梦天[189]则选择地方政府竞争关系与环境规制因素,从省际层面对绿色生产率的影响进行了分析,两篇文献都将地方政府行为与环境规制联系起来,可见地方政府行为对区域性绿色生产率的影响较大;刘赢时[190]等学者基于我国 260 个地级市的数据,选取了产业结构调整、能源消耗效率因素,分析其对绿色生产率的影响,发现上述两个因素正向推动了绿色生产率的提升。

上述文献选取区域主要集中于国家、省际以及经济特区等,很少针对某个产业从区域角度分析绿色生产率,再者也很少结合国家重点战略,如国家主体功能区划分等进行研究。此外,从绿色全要素生产率影响因素区域性研究的文献可知,应将地方政府行为纳入选取指标,如政府干预以及财政支出等因素。

第四节 轻工产业相关文献综述

一、轻工产业定义界定

本研究的轻工产业定义,采用国家统计局给出的定义,是指主要提供生活方面的消费品以及制作手工工具的工业,根据生产过程中使用原料的不同,可分为两大类,一类是以农产品为原料的轻工业,是指直接或间接地以农产品为基本原料的轻工业,主要包括食品制造、饮料制造、烟草加工、纺织、缝纫、皮革和毛皮制作、造纸以及印刷等工业;另一类是以非农产品为原料的轻工业,是指以工业品为基本原料的轻工业,主要包括文教体育用品、化学药品制造、合成纤维制造、日用化学制品、日用玻璃制品、日用金属制品、手工工具制造、医疗器械制造、文化和办公用机械制造等工业。按照以上对轻工业的定义,并结合《国民经济行业分类标准》(GB/ T4754 – 2011、GB/T4754 – 2017)中列举的两位数行业(有时也称中类行业),确定了本研究中轻工产业所包含的 16 种两位数细分行业(见表2 – 1)。需要说明的是,《国民经济行业分类标准》(GB/ T4754)在 1984 年公布了第一版,之后分别在 1994 年、2002 年、2011 年和 2017 年进行了修订,而本研究涉及的轻工业,在 2011 年和 2017 年的分类标准中两位数行业分类并没有变化,所以参考了《国民经济行业分类标准》2011 年版和 2017 年版。

另外,在关于轻、重工业研究中,有学者如陈诗一、梁俊等人以能源消耗高低为标准,将工业分为重工业和轻工业。在陈诗一[191]的研究中,将医药制造业、化学纤维制造业以及橡胶和塑料制造业归为重工业,而在梁俊[192]研究中,将化学纤维制造业、橡胶和塑料制造业、农副食品加工业、纺织业和造纸业归为重工业。本研究不采用此标准划分轻、重工业,是因为每个行业的能源消耗在一定时间内是浮动变化的,不能将轻工产业的范围确定,存在着严重的不确定性。

表2-1 轻工业两位数代码、名称以及按原料不同分类

Table 2 - 1 Double - digit code, name and classification by material of light industry

以农产品为原料的轻工业			以非农产品为原料的轻工业		
序号	两位数代码	轻工业分行业名称	序号	两位数代码	轻工业分行业名称
1	13	农副食品加工业	12	24	文教、工美、体育和娱乐用品制造业
2	14	食品制造业	13	27	医药制造业
3	15	酒、饮料和精制茶制造业	14	28	化学纤维制造业
4	16	烟草制品业	15	29	橡胶和塑料制品业
5	17	纺织业	16	30、33、35、41	其他轻工业
6	18	纺织服装、服饰业			(日用化学制品、日用玻璃
7	19	皮革、毛皮、羽毛及其制品和制鞋业			制品、日用金属制品、手工工具制造、医疗器械制造、
8	20	木材加工和木、竹、藤、棕、草制品业			文化和办公用机械制造等工业)
9	21	家具制造业			
10	22	造纸和纸制品业			
11	23	印刷和记录媒介复制业			

二、轻工产业相关文献综述

关于轻工产业的研究,国内外学者大多从轻工产业细分行业角度出发,对单独的轻工行业经济发展进行了研究。如纺织业方面,主要将国际贸易与纺织业联系起来进行了研究[193,194],其中付韶军[195]利用全要素生产率的方法,实证分析了出口和外商投资对各省区市纺织业全要素生产率的增长有推动作用;食品业方面,主要测算了食品业全要素生产率的增长情况[196,197],其中战炤磊和王凯[198]以食品业中植物油生产业为例估算了全要素生产率,发现技术效率的改善促进了全要素生产率呈现增长的趋势;农产品加工方面,学者们对农产品加工业的发展基础以及全要素生产率进行了研究[199-203],并且在测算生产率的基础上

分析了影响因素[204-206];木材加工业方面,主要研究了木材加工业产业集群化的发展动力等问题[207、208];造纸业方面,实证分析了我国造纸业全要素生产率的增长情况和动力来源[209、210],以及造纸业在空间上产业集聚的发展水平[211]等。上述文献主要研究了轻工产业重点行业的经济发展状况,尤其是借助了全要素生产率的研究方法,但是没有考虑轻工产业生产过程中环境因素的影响。

随着我国经济增长与资源环境之间矛盾进一步加剧,部分学者也开始关注轻工产业的环境问题,将环境因素纳入轻工行业的研究中,但遗憾的是只局限于几个轻工行业。木材加工业方面,黄登良等[212]学者将碳排放因素纳入全要素生产率分析框架中,以发达国家与发展中国家为例,测算了木材加工业的生产率,发现考虑碳排放情况的发达国家的生产率明显高于发展中国家的生产率;郑义等[213]学者以39个国家为例,采用面板数据模型,实证分析了碳排放约束背景下技术创新促进了木材加工业的国际竞争力。造纸业方面,杨加猛等[214]学者以江苏省造纸业为例,运用环境库兹尼茨曲线的计量方法,实证分析了环境污染指标与造纸业产量呈现"N"型等;冯枫等[215]学者实证分析了造纸业产品出口贸易与碳排放之间的关系,发现出口贸易对于造纸业的碳排放减排是一把"双刃剑";许华与刘佳华[216]将造纸业绿色技术创新指标进行分解,实证检验了分解后的技术创新指标与环境规制的关系,得出了环境规制对造纸业新产品开发经费影响最大等结论。上述文献虽然将环境指标纳入轻工产业经济发展的研究中,但是并没有系统地以轻工产业细分行业为例实证研究该产业绿色发展的情况。

对轻工产业研究文献进行梳理时,笔者发现三个研究团队对轻工产业研究做出了较大贡献。陕西科技大学的祝福云团队[217-219]对各省区市轻工产业全要素生产率进行了测算,在此基础上研究了轻工产业全要素生产率的区域差异,并利用空间计量方法实证了轻工产业生产率的空间溢出效应;不足之处是没有考虑轻工产业细分行业全要素生产率的表现以及没有纳入环境因素,实证结果没有说服力。再者,东华大学的王来力团队针对纺织业的碳排放情况进行了研究,主要包括纺织业碳排放与经济增长的关系[220]、纺织业碳排放因素分解[221]以及纺织业生产过程中的碳足迹问题[222、223]等。最后是厦门大学林伯强团队对轻工产业以及具体行业的能源效率方面做了很全面的研究,涉及了轻工产业与重工产业能源消耗的对比研究[224,225]、轻工产业能源技术利用效率[226-228]以及造纸业[229-231]和纺织业[232-234]能源利用效率等问题,但遗憾的是,轻工产业能源效率方面只是环境因素的一个分支,并没有涉及轻工产业生产过程中的污染物,如工业"三废"以及碳排放等。所以,本研究在上述研究的基础上,继续对轻工产业的环境问题进行研究,将碳排放指标纳入全要素生产率分析框架中,从行业和省际两个角度测算轻工产业绿色全要素生产率的增长情况,并实证分析轻工产业绿色生产率的影响因素,从而提出轻工产业绿色发展和低碳转型路径和政策措施。

本 章 小 结

本章围绕着全要素生产率展开叙述,首先,对效率和全要素生产率的定义和内涵进行了描述;其次,梳理了本研究的基础理论——经济增长理论的发展脉络,并介绍了古典经济增长理论、新古典经济增长理论和新经济增长理论中的经典观点;再者,介绍了全要素生产率的测度方法,对索洛余值法、带有参数的随机前沿法和数据包络分析法进行了概述;最后,从产业层面和区域层面两个角度对绿色全要素生产率和影响因素做了文献综述,以及对轻工产业相关文献进行了梳理,从而引出本课题需要进一步深入研究的重点内容。

第三章

我国轻工业经济增长、能源消耗与碳排放发展趋势

第一节　轻工业经济增长趋势

改革开放后,由于政策扶持和优先发展轻工产业,我国轻工产业得到了迅速发展,并进入了发展的黄金期。从工业结构角度分析,轻重工业的畸形结构得到改善,轻重工业在工业中的占比趋于和谐,其中在 1981 年和 1982 年轻工业在工业中的占比甚至超过了重工业。在 1979 年到 1991 年期间,轻工业发展迅速,轻重工业生产总值比从 79∶100 增长到 95∶100,并出现了三次高速发展期,分别是 1979 年到 1981 年、1985 年到 1990 年和 1990 年中期。

从 1991 年到 2000 年期间,我国市场化改革带动了轻工产业的新一轮发展。具体说,我国在此期间确立了中国特色社会主义市场经济体制改革的目标,加速了市场化改革进程,一方面为轻工产业发展创造了较为完善的市场经济大环境;另一方面市场经济促进了我国居民消费和出口贸易的快速发展,从而带动了与居民消费密切相关的轻工产业的快速发展和工业结构的转型升级。工业结构占比方面,在此阶段轻工产业的发展速度较快于重工产业的发展速度,轻重工业生产总值比值基本持平。

2000 年以后,我国市场化改革继续深化,并进一步完善了市场经济体制。此时,国内消费结构由以家电轻纺为主的轻工产业消费品逐步转向以住房与汽车等为主的重工产业消费品,加之处于出口产业结构升级的背景下,我国经济进入了以重工业快速发展为代表的新一轮重工业化发展阶段。2000 年到 2010 年,重工产业的生产总值增长速度一直高于轻工产业的生产总值增长速度,在此期间,重工产业的生产总值增速年均值约为 25%,而轻工产业只有约为 19% 的年均增速。从工业结构角度看,重工产业发展迅猛,工业占比超过 70%,而轻工产业在工业结构占比中不断下降,低于 30%;伴随着重工产业的不断发展壮大,轻工产业却保持着稳定发展。与此同时,我国环境问题日益严重,尤其是碳排放在内的温室气体不断增加,2007 年是我国碳排放减排政策颁布的重要转折年,所以本书重点关注 2007 年到 2016 年期间我国轻工产业的经济增长、能源消耗、碳排放状态以及发展趋势。

受益于我国实行新型工业化道路的政策,我国轻工产业生产总值从 2007 年的 100452.82 亿元,到 2016 年已经达到了 334235.98 亿元,其中 2011 年轻工产业生产总值达到了 208977.39 亿元,而在短短的两年时间里,2014 年就达到了 301410.59 亿元。从 2007 年到 2016 年,我国轻工产业工业总值年增速约为 15%,其中 2007 年到 2011 年为轻工产业高速发展期,增长速度在 20% ~ 25% 之间,而 2010 年达到了增长速度最高值 24.82%。这种高速发展从 2011 年起逐步下降,直到 2014 年跌破 10%,而 2015 年和 2016 年轻工产业的增长速度稳定在 5 个百分点左右,分别为 5.06% 和 5.55%,见图 3 – 1。

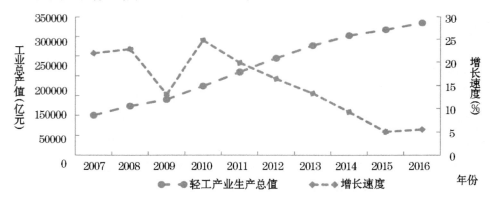

图 3 – 1　2007—2016 年我国轻工产业工业总产值与增长速度
Figure 3 – 1　Total industrial output value and growth rate of China's light industry in 2007—2016

从轻工业产业结构角度看,我国轻工产业的产值结构主要以农副食品加工业、纺织业和橡胶塑料制品业为主,2007 年到 2016 年期间年均工业生产总值分别达到了 45634.97 亿元、30928.76 亿元和 22711.19 亿元,分别占轻工产业总产值的 20.57%、13.94% 和 10.24%。其他轻工产业年工业产值约为 10000 亿元左右,占比在 5% 左右,其中家具制造业、印刷和记录媒介复制业、化学纤维制造业工业产值最低,约为 5000 亿元,占比不足 3%,如图 3 – 2。从轻工业各行业的年增长速度看,文

教、工美、体育和娱乐用品制造业的增长速度最快,年均增长速度达到了 36.60%,
其原因之一是 2008 年我国筹备和举办奥林匹克运动会期间文教体育产业等工业
产值增长较快。而化学纤维制造业的增长速度最慢,年均增长速度只有 8.48%,主
要由于我国环境问题突出而限制了化工相关工业的发展速度。轻工产业其他行业
的年均增长速度在 10%~20% 之间,较为集中,见图 3−3。

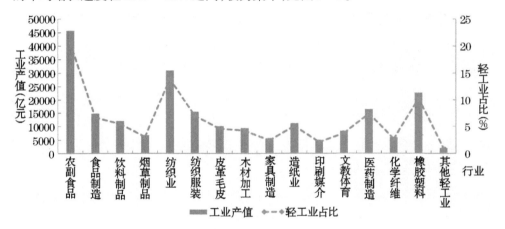

图 3−2 2007—2016 年我国轻工业各行业年均工业产值和轻工业占比

Figure 3−2 The annual average industrial output value and light industry ratio of
various industries in China's light industry in 2007—2016

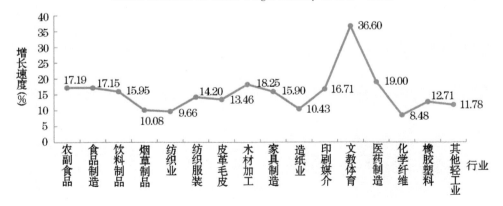

图 3−3 2007—2016 年我国轻工业各行业年均产值增长速度

Figure 3−3 The annual average output value growth rate of various industries in China's light
industry in 2007—2016

从轻工产业地区分布来看,我国轻工产业地域分布不均,主要集中在广东、山东、江苏、浙江和福建等沿海东部地区,2007 年到 2016 年期间,这些省市的年均工业产值分别为 36290.11 亿元、33899.15 亿元、29052.47 亿元、21985.47 亿元和 14623.47 亿元,这些省市在全国轻工产业工业总值占比分别达到了 14.24%、13.30%、11.40%、8.63% 和 5.74%。中西部地区中,河南、湖北、四川和安徽等省市的轻工产业发展较快,其年均工业产值分别为 15463.63 亿元、9894.12 亿元、9419.60 亿元和 8471.73 亿元,其地区占比分别为 6.07%、3.88%、3.69% 和 3.32%。除此之外,其他省区市的轻工业年均工业产值约为 5000 亿元,地区占比在 0~2% 区间左右,见图 3-4。然而,从各省区市轻工产业工业产值的增长速度的角度分析,得出的结论并不同于工业总值的结论,中西部地区大部分省区市的轻工业工业产值的增长速度较快,而沿海地区大部分省区市的轻工业工业产值的增长速度落后于中西部地区。具体来说,全国各省区市中,青海、江苏、湖北、江西、安徽、吉林在 2007 年到 2016 年期间轻工业工业产值年均增长速度在 20 个百分点以上,其中青海和江苏年均增长速度最快,分别达到了 38.97% 和 32.22%。沿海地区省市中,山东、浙江、上海、北京以及辽宁等省

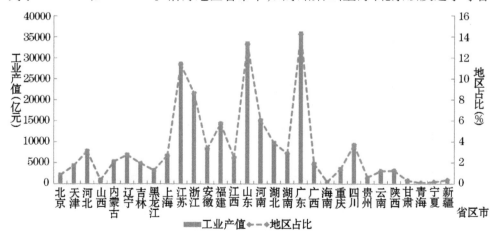

图 3-4　2007—2016 年我国轻工产业各省区市年均工业产值和地区占比

Figure 3-4　The annual average industrial output value and regional proportion of provinces in China's light industry in 2007—2016

市年均增长速度在 10% 以下,其他省区市均在 10% ~ 20% 之间左右,见图 3 – 5。

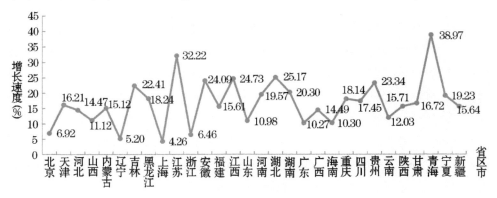

图 3 – 5　2007—2016 年我国轻工产业各省区市年均产值增长速度
Figure 3 – 5　The annual average output value growth rate of
provinces in China's light industry in 2007—2016

第二节　轻工产业能源消耗分析

从 2007 年到 2016 年期间,我国轻工产业能源消耗量呈现不断上升的趋势,2013 年前约为 25000 万吨标准煤,而 2013 年呈现了跳跃式的发展,从 2012 年的 28150.60 万吨标准煤一跃上升到 2013 年的 33423.85 万吨标准煤。2013 年到 2016 年期间,轻工产业能源消耗量稳定在 33000 万吨标准煤左右。从能源消耗速度来看,2007 年到 2016 年,我国轻工产业能源消耗速度大致呈现倒"N"型,增长率由 2008 年的 10.16% 快速下降到 2009 年的 0.65%,此后的能耗速度呈现缓慢增长态势。直到 2013 年,能耗增长速度快速上升到 18.73%,而 2014 年能耗速度迅速下滑,出现了负增长,并且稳定在 2015 年和 2016 年的 1 个百分点左右,具体见图 3 – 6。

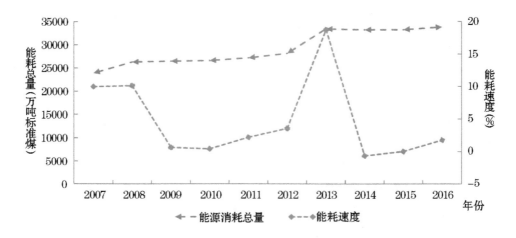

图 3 - 6 2007—2016 年我国轻工产业能源消耗总量和能耗速度

Figure 3 - 6   The total energy consumption and energy consumption rate of China's light industry in 2007—2016

从轻工产业细分行业角度分析,我国轻工产业的能源消耗主要集中在以农产品为原料的轻工业,具体行业为纺织业、造纸和纸制品业、橡胶和塑料制品业以及农副食品加工业。2007 年到 2016 年,上述行业的年均能源消耗依次为 6644.23 万吨标准煤、3956.04 万吨标准煤、3806.71 万吨标准煤和 3229.97 万吨标准煤,其能源消耗占比分别达到了 22.73%、13.53%、13.02% 和 11.05%。由于轻工产业的行业性质以及独有的工艺流程,轻工产业中的烟草制品业、家具制造业、皮革毛皮制造业、印刷媒介复制业和文教体育制品业的能源消耗很低,不到 500 万吨标准煤,其占比只有 1 个百分点左右。其余轻工产业行业的能源消耗占比在 5% 左右,具体见图 3 - 7。从轻工产业能源消耗的区域分布来看,我国轻工产业能源消耗仅在少数省市分布相对均匀,只有 500 万吨标准煤左右,其能耗占比约为 0 ~ 5% 区间。根据图 3 - 8 可知,我国轻工产业的能源消耗主要集中在山东、广东和江苏,其能源消耗总量分别为 4984.49 万吨标准煤、4419.05 万吨标准煤和 3711.37 万吨标准煤,分别占全国轻工业能源消耗总量的 17.05%、15.12% 和 12.70%。这一结论与由轻工产业工业总值所得的结论较为相近,山东、广东和江苏等地在轻工产业方面不仅消耗了大量能源,也产出了较高的工业总值。所以,需要进一步比较和分析各省区市轻工产业以及轻工业各行业的能源强度才能得到更准确的结论。

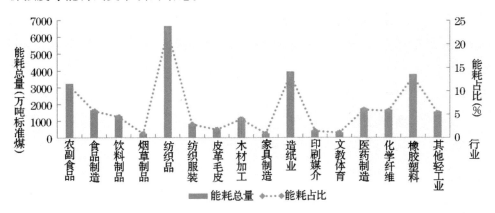

图 3 - 7　2007—2016 年我国轻工产业行业年均能耗总量和能耗占比

Figure 3 - 7　The total annual energy consumption and energy consumption ratio of China's light industry in 2007—2016

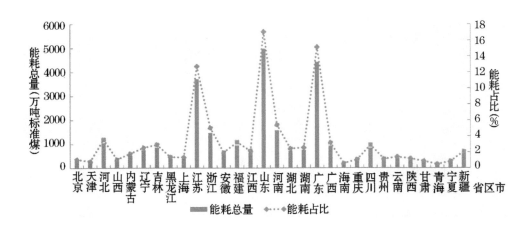

图 3 - 8　2007—2016 年我国轻工产业各省区市年均能耗总量和能耗占比

Figure 3 - 8　The total annual energy consumption and energy consumption ratio of provinces in China's light industry in 2007—2016

轻工产业的碳排放主要来源于其生产活动所消耗的能源,如何使轻工产业工业总值保持着不变或增长情况下的碳排放降低才是最理想的状态,所以研究轻工产业能源强度指标,即单位生产总值能耗是十分关键的。我国轻工产业能源强度大致呈现下降的趋势,由 2007 年的 0.24 吨标准煤/万元,不断下降,直到 2012 年的 0.12 吨标准煤/万元,随后的 2013 年到 2016 年能源强度稳定在 0.11 吨标准煤/万元左右。从轻工产业能源强度变化率的角度看,除了 2013 年能源强度变化率为正增长,增长了 4.8%,其余各年的能源强度大多处于负增长,尤其是 2010 年能源强度下降幅度最大,降低了 20%,然而,到了 2015 年和 2016 年能源强度变化率保持在每年下降 4 个百分点左右,如图 3 - 9。

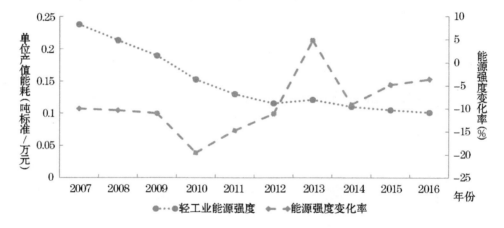

图 3 - 9 2007—2016 年我国轻工产业能源强度和变化率
Figure 3 - 9   The energy intensity and rate of change of
China's light industry in 2007—2016

我国轻工产业各行业能源强度表现差异较大,其中造纸和纸制品业、化学纤维制造业和纺织业等行业表现不佳,在 2007 年到 2016 年期间,年均能源强度分别是 0.39 吨标准煤/万元、0.29 吨标准煤/万元和 0.23 吨标准煤/万元,大幅度超过了全国轻工产业年均能源强度 0.15 吨标准煤/万元。然而,轻工产业中的烟草制品业、纺织服装业、皮革毛皮业、家具制造业、文教体育业以及农副食品加工业等行业的能源强度表现十分突出,大大领先于全国轻工产业的平均水平,只有 0.05 吨标准煤/万吨左右,具体见图 3 - 10。从图 3 - 11 可以看出,我国轻工产业能源强度区域分布不均,部分西部地区如青海、宁夏和新疆等在轻工产业能源强度上远远落后于全国平均水平,2007 年到 2016 年,其年均能源强度为 0.60 吨标准煤/万元左右,而部分东部地区如天津、浙江、福建等的轻工产业能源强度表现突出,年均能源强度只有 0.07 吨标准煤/万元左右。其余省区市的轻工产业年均能源强度大多在 0.10 吨标准煤/万元至 0.20 吨标准煤/万元之间。

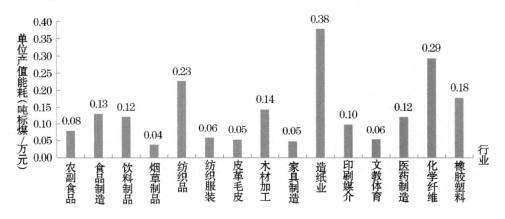

图 3 – 10 2007—2016 年我国轻工产业各行业年均能源强度

Figure 3 – 10   The annual average energy intensity of various industries in China's light industry in 2007—2016

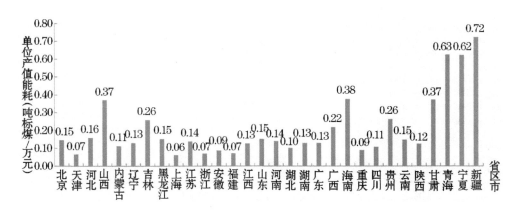

图 3 – 11 2007—2016 年我国轻工产业各省区市年均能源强度

Figure 3 – 11   The annual average energy intensity of various provinces in China's light industry in 2007—2016

从能源消费结构角度看,将轻工产业19种消耗能源归为四大类别,包括煤炭类、石油类、天然气类和热力电力类。2007年到2016年期间,我国轻工产业的石油类和天然气类能源消耗比较稳定,大约在1000万吨标准煤。电力热力类能源消耗从2007年的14154.68万吨标准煤逐步增长到2016年的18244.33万吨标准煤,增长速度较缓慢,十年间增长了28.9%。轻工产业消耗煤炭类能源呈现先上升后下降的走势,从2007年的8610.26万吨标煤快速增长到2013年的最高值14951.82万吨标准煤,随后的2014年到2016年期间,煤炭类能源消耗下跌到13919.22万吨标准煤,从整体看,十年间增长了61.66%,见图3-12。从图3-13可以看出,我国轻工产业能源消耗主要来源于热力电力类和煤炭类等能源。热力电力类能源基本保持在50%~60%,能耗占比最高的是2012年的60.16%,大致呈现出先上升后下降的趋势;然而煤炭类能耗占比处于缓慢上升的趋势,从2007年的36.05%增长到2016年的41.17%。轻工产业消耗的石油类和天然气类等能源总值在2007年到2016年间基本维持在4个百分点到5个百分点,能耗占比较少。

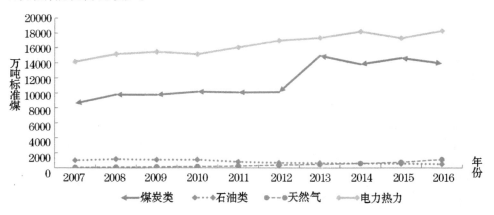

图3-12 2007—2016年我国轻工产业能源消耗的各类能源走势

Figure 3-12 The various energy trends of energy consumption
in China's light industry in 2007—2016

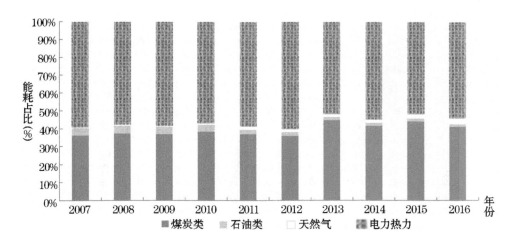

图 3 - 13   2007—2016 年我国轻工产业能源消费的能源结构

Figure 3 - 13   The energy structure of energy consumption
in China's light industry in 2007—2016

　　轻工产业碳排放主要来源于能源消耗中的煤炭类等,因此本研究又细分了能源消费结构,并分析了行业和各省区市煤炭类能源的特征和走势。从轻工产业行业煤炭能耗占比的角度分析,造纸业、食品制造业、酒饮料制造业和农副食品加工业等以农产品为原料的轻工业煤炭能耗占比较高,其年均占比依次为79.22%、58.71%、53.81% 和46.68%,然而,以非农产品为原料的行业中,医药制造业和化学纤维制造业的煤炭能耗年均占比较高,分别为40.14% 和38.20% ,这些高碳轻工行业也是节能减排重点关注的行业。其余轻工行业的煤炭能耗年均占比在10% ~20% 左右,较为稳定,具体见图3 - 14。从轻工产业煤炭能耗占比的区域分布来看,河北、山西、辽宁、湖北、湖南、安徽、江西和陕西等省地的煤炭能耗年均占比都在50% 以上,这些省市大多处于中西部地区,同时也是资源型省市。东部沿海地区如北京、上海、浙江和广东等地的煤炭能耗年均占比较低,只有20 个百分点左右。不难发现,煤炭能耗占比高低的区域分布不同于各省区市能耗总值高低的区域分布,能耗总值较高的省区市往往煤炭能耗占比较低。

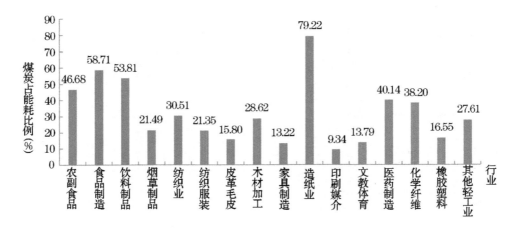

图 3 – 14 2007—2016 年我国轻工产业各行业年均煤炭能耗占比

Figure 3 – 14 The annual average coal consumption ratio of
various industries in China's light industry in 2007—2016

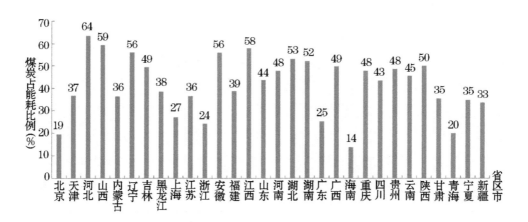

图 3 – 15 2007—2016 年我国轻工产业各省区市年均煤炭能耗占比

Figure 3 – 15 The annual average coal consumption ratio of various
provinces in China's light industry in 2007—2016

第三节　轻工产业碳排放发展趋势

本研究主要关注碳排放峰值约束下的轻工产业绿色生产率及绿色转型问题，一项必不可少的基础性工作，就是考察轻工产业碳排放的现状和趋势走向，同时轻工产业碳排放估算也是对轻工产业低碳转型政策研究一个不可或缺的步骤。但是我国官方机构如国家统计局、能源局或发改委等，并未发布各产业的碳排放数据，或是联合国气候变化框架公约（UNFCCC）、国际能源署（IEA）等国际机构组织发布的各国碳排放清单只局限于各国宏观层面的数据，未能涉及各国不同区域的碳排放清单，有关中国产业部门的碳排放清单，往往与中国产业部门的分类标准并不一致，所提供的数据并不能直接用于实证研究中，所以我国各产业的碳排放数据需要研究者选择合适的方法进行估算。

关于轻工产业的碳排放估算，笔者采用了联合国政府间气候变化专门委员会（IPCC）编制温室气体排放清单使用的碳排放衡算法。这种方法基于碳含量守恒定律，也就是轻工产业生产过程中投入的化石燃料能源在燃烧时产生的二氧化碳，如果所投入的化石燃料等能源含碳量与所有产出物的含碳量相等，那么基于化石燃料等能源投入总量、内含碳总量和氧化率等指标就可以核算出二氧化碳排放量。除了碳排放衡算法，碳排放估算方法还有实地监测法和模型预测法。实地监测方法，不仅要到实地科学采样，而且要在一段时间内连续监测，所以需要较高的监测成本，而且可信性度较差，很难在实际工作中采用；模型预测法是指利用综合评价模型或是系统的预测模型对碳排放量进行估算，但是模型中关键参数的不同设定会有不同的预测结果，稳定性较差，因此本研究不采用实地监测法和模型预测法。

碳排放衡算法一般有自上而下和自下而上两种方法。本研究采用自上而下的方法对轻工产业碳排放进行估算,这种方法不考虑化石燃料等能源的中间转换量,只需利用各种类型能源投入量,而无须考虑各种类型能源在不同部门的消费量,所以相较于自下而上的方法,自上而下的方法在获取数据、核算碳排放时更加方便、易操作,也是 IPCC 推荐的碳排放核算使用的缺省方法。根据以上核算方法,二氧化碳排放具体计算公式如下:

$$C = \sum_{i=1}^{n} E_i \times NCV_i \times CEF_i \times COF_i \times \frac{44}{12} \qquad (3.1)$$

公式中,C 表示二氧化碳排放量,E 表示不同种类的化石燃料等能源的消耗量,i 表示化石燃料能源种类,NCV 表示净发热值,也就是化石燃料能源平均低位发热值,CEF 表示碳排放因子,COF 表示碳氧化因子(化石燃料能源中只有一小部分在燃烧过程中不能被氧化,99% 以上的碳都可以被氧化,所以缺省值设置为1),44/12 表示碳和二氧化碳分子量的比值,有时也将 CEF、COF 和 44/12 的乘积叫二氧化碳排放因子。

参数选取方面,关于化石燃料等能源消耗量,本研究选取《中国能源统计年鉴》中所统计的 19 种化石燃料能源的终端消费量。值得注意的是,电力、热力在终端消费过程中并没有直接产出碳排放,但是生产电力、热力过程中会释放大量的二氧化碳,所以终端消费过程中电力、热力所产生的间接碳排放应全部被电力和热力生产部门核算。公式(3.1)中化石燃料能源的净发热值依据《中国能源统计年鉴》和《2006 年 IPCC 国家温室气体清单编制指南》等报告设定,另外,由于我国能源利用效率低于国际水平,本研究并没有采用 IPCC 推荐的缺省碳氧化因子 1,而是将化石燃料等能源的碳氧化因子统一设置为 0.99,具体见表 3-1。

表 3 - 1 轻工产业碳排放核算中的参数设置

Table 3 - 1 The parameter settings in carbon emission accounting of light industry

能源种类	碳排放因子（KG/GJ）	净发热值	碳氧化因子
原煤	25.8	20908 KJ/KG	0.99
洗精煤	25.8	26344 KJ/KG	0.99
其他洗煤	25.8	8663 KJ/KG	0.99
型煤	26.6	20722 KJ/KG	0.99
焦炭	29.2	28435 KJ/KG	0.99
其他焦化产品	25.8	28345 KJ/KG	0.99
原油	20.0	41816 KJ/KG	0.99
汽油	18.9	43070 KJ/KG	0.99
煤油	19.5	43070 KJ/KG	0.99
柴油	20.2	42652 KJ/KG	0.99
燃料油	21.1	41816 KJ/KG	0.99
其他石油制品	20.0	41816 KJ/KG	0.99
液化石油气	17.2	50179 KJ/KG	0.99
炼厂干气	15.7	46055 KJ/KG	0.99
焦炉煤气	12.1	16726 KJ/m³	0.99
其他煤气	12.1	15054 KJ/m³	0.99
天然气	15.3	38931 KJ/m³	0.99

资料来源:《中国能源统计年鉴》和《2006 年 IPCC 国家温室气体清单编制指南》。

注:单位换算:1TJ = 103GJ,1GJ = 106KJ,1KJ = 103J

　　2007 年到 2016 年,我国轻工产业碳排放量大致呈现出两个阶段:第一个阶段为 2007 年到 2012 年,轻工产业碳排放量基本稳定在 28000 万吨左右。从 2013 年开始进入第二个阶段,碳排放量一跃增长到 40994.47 万吨,随后的几年时间内也围绕着 40000 万吨左右波动。轻工产业碳排放量虽然达到了最高点,但是产业碳排放峰值并不明显,并未出现下降的趋势。根据图 3-16 还可以看出,2007 年到 2016 年间轻工产业碳排放变化率呈现出两侧较长的倒"U"型,碳排放变化率在 2013 年出现了最高值,约为 45%。其余各年份大多出现了负增长率,但是并未出现连续的负增长,或是下降趋势不明显。分析我国轻工产业碳排放未能达到峰值点的原因,还需要进一步研究轻工产业各行业和区域间的特征和走势,以及需要利用其他的评价指标,分析轻工产业碳排放的表现,如碳排放强度、轻工产业绿色生产率等指标。

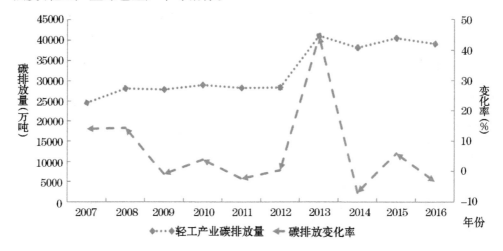

图 3-16 2007—2016 年我国轻工产业碳排放总量与变化率
Figure 3-16 The total carbon emission and rate of change
in China's light industry in 2007—2016

根据公式(3.1)估算出轻工产业各行业碳排放量以及变动趋势,如表 3-2。轻工产业各行业碳排放量主要集中在造纸和纸制品业、纺织业和农副食品加工业等,年均碳排放量分别为 8382 万吨、5588 万吨和 4274 万吨,总计约为整个轻工产业碳排放量的 65%,这些行业也是轻工产业未来节能减排重点关注的行业。烟草制品业、皮革毛皮业、家具制造业、印刷媒介业和文教体育业等行业的年均碳排放量为 100 万吨左右,每个行业碳排放占比不足 1 个百分点。虽然文教体育业和印刷媒介业的年均碳排放量很低,但是年均增长率很高,分别为 22.34% 和

10.87%。除此之外,还有农副食品加工业、饮料制品业和纺织业等行业的碳排放年均增长率也处于高值,约为10%。轻工产业各行业中,只有烟草制品业的碳排放年均增长率为负数,所以从行业碳排放的角度分析,并没有出现明显的行业碳排放峰值点。究其原因,应进一步研究轻工产业各行业的碳排放影响因素以及利用更系统全面的评价指标分析轻工业各行业的碳排放表现。

表3-2　轻工产业各行业碳排放量及其变动走势

Table 3-2　The carbon emission and variation trend of various industries in light industry

行业	年度排放量(万吨)			年均排放量(万吨)	年均增长率(%)	年均排放量占比(%)
	2007 年	2012 年	2016 年			
农副食品	2622	3567	5506	4274	10.89	13.16
食品制造	1792	2634	3449	2793	8.75	8.60
饮料制品	1415	1506	2231	1983	9.25	6.11
烟草制品	209	163	76	168	-8.85	0.52
纺织业	4782	4016	8245	5588	9.92	17.21
纺织服装	543	567	533	597	0.43	1.84
皮革毛皮	255	212	297	279	5.04	0.86
木材加工	738	854	677	939	1.25	2.89
家具制造	86	124	137	140	7.71	0.43
造纸业	6493	8584	8845	8382	3.77	25.81
印刷媒介	122	116	240	175	10.87	0.54
文教体育	98	145	341	201	22.34	0.62
医药制造	1184	1687	2859	2024	11.74	6.23
化学纤维	1875	1369	2695	1784	6.25	5.49
橡胶塑料	1470	1777	1918	1952	4.06	6.01
其他轻工	908	1033	984	1191	4.68	3.67

注:数据来源于笔者整理。

利用我国大陆 30 个省区市的面板数据进行碳排放估算(西藏自治区由于能源和轻工业等方面的数据缺失严重,未纳入本研究),利用公式(3.1)估算了轻工产业各省区市的碳排放量以及变动趋势,如表 3－3。我国轻工产业的碳排放量主要集中在山东、广东和江苏等沿海地区,这些地区的轻工业碳排放量约占全国轻工产业碳排放量的 40%,其年均碳排放量依次为 6344 万吨、4454 万吨和 4141 万吨。轻工业年均碳排放量在 1000 万吨以上的省市,有河北、辽宁、吉林、浙江、福建、江西、河南、湖北、湖南和四川等,主要分布在沿海地区和少数中部地区。然而,轻工业碳排放增长率高的省市与轻工业高碳省市并不一致,主要分布在海南、江苏、青海、宁夏、重庆和内蒙古等省市,其轻工产业碳排放年均增长率都在 10% 以上。高碳排放增长率的省市主要集中在西部地区,同时也是轻工业碳排放量较低的省市。部分轻工业高碳排放量的地区也出现了碳排放年均负增长率,有北京、辽宁、上海、浙江和河南。这一结论反映出高碳省市节能降碳初有成效,出现了碳排放负增长率,但仍处于轻工业高碳排放区域。这些高碳省市如何进一步节能减排,应考察其区域轻工产业的碳排放量影响因素。

表 3－3 轻工产业各省区市碳排放量及其变动走势

Table 3－3 The carbon emission and variation trend of various provinces in light industry

行业	年度排放量(万吨)			年均排放量	年均增长率	年均排放量
	2007 年	2012 年	2016 年	(万吨)	(%)	占比(%)
北京	462	299	367	375	－1.15	1.01
天津	384	190	430	343	7.00	0.93
河北	1930	1582	2065	1798	1.14	4.84
山西	487	300	733	504	9.54	1.36
内蒙古	442	342	809	546	10.64	1.47
辽宁	1591	1306	1015	1442	－4.08	3.89
吉林	1457	1023	1394	1336	1.21	3.60
黑龙江	751	437	672	610	2.85	1.64

行业	年度排放量(万吨)			年均排放量	年均增长率	年均排放量
	2007 年	2012 年	2016 年	(万吨)	(%)	占比(%)
上海	867	297	406	534	-4.91	1.44
江苏	1320	4919	4280	4141	21.32	11.16
浙江	1443	1130	936	1227	-3.83	3.31
安徽	721	727	1256	886	8.02	2.39
福建	931	1214	1450	1209	5.44	3.26
江西	793	899	1498	1053	8.77	2.84
山东	4858	7290	6588	6344	3.89	17.10
河南	2683	1971	1538	2196	-5.43	5.92
湖北	892	1187	1285	1097	4.81	2.96
湖南	880	1030	1262	1094	5.83	2.95
广东	4016	4671	3943	4454	0.33	12.00
广西	1309	1115	1301	1258	0.58	3.39
海南	179	72	376	203	28.01	0.55
重庆	232	317	678	445	16.03	1.20
四川	949	1153	1361	1176	6.27	3.17
贵州	349	564	455	438	6.43	1.18
云南	506	385	660	502	6.42	1.35
陕西	468	445	572	525	3.45	1.41
甘肃	303	169	381	282	8.74	0.76
青海	58	70	238	104	21.24	0.28
宁夏	207	134	510	255	16.48	0.69
新疆	810	607	744	730	3.27	1.97

注:数据来源于笔者整理。

　　根据上述分析可知,我国轻工产业碳排放量未能达到明显的峰值,所以需要进一步考察其他指标——轻工产业碳排放强度,也就是轻工产业单位产值碳排放量。如果碳排放强度达到峰值,就能说明保持轻工产业工业总值不变的情况下,碳排放量达到峰值,并出现明显的下降趋势。如图 3-17,我国轻工产业碳排放强度大致归为两个阶段:第一个阶段是 2007 年到 2012 年间,碳排放强度不断下降,从 0.25 吨/万元下降至 0.12 吨/万元;第二个阶段是从 2013 年到 2016 年,轻工产业碳排放强度上下波动,维持在 0.13 吨/万元左右。从整体走势看,轻工产业碳排放强度呈现下降趋势,2007 年的碳排放强度为峰值点,随后十年则是峰值的后半侧,但并不稳定,需要更长时间对碳排放强度的考察才能确定。然而,轻工业碳排放强度变化率与碳排放量变化率的走势相似,呈现出两侧较长的倒"U"型,2013 年增长率出现峰值,为 27.83%,其余年份大多出现了负增长,但是并不连续,也并不稳定。结合碳排放强度变化率的走势可以看出,轻工产业碳排放强度达到峰值后呈现出下降走势,但是并不稳定,可能会出现新的峰值点。所以,需要进一步分析碳排放强度在各行业和各省区市等方面的具体特征和走势。

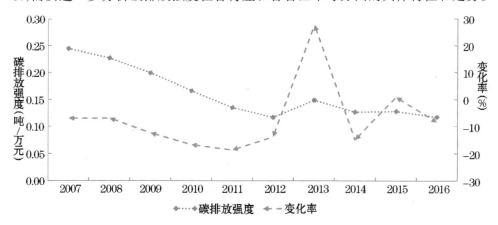

图 3-17 2007—2016 年我国轻工产业碳排放强度与变化率
Figure 3-17   The carbon emission intensity and rate of
change of China's light industry in 2007—2016

从轻工产业细分行业角度分析,我国轻工产业碳排放强度较高的行业是造纸业、化学纤维制品业、食品制造业、纺织业和饮料制品业等,年均碳排放强度依次为 0.79 吨/万元、0.31 吨/万元、0.21 吨/万元、0.19 吨/万元和 0.18 吨/万元,高于整个轻工产业的年均碳排放强度,而其余轻工产业行业的碳排放强度为

0.10 吨/万元左右,具体见图 3-18。结合行业碳排放量数据分析得到,造纸业和纺织业不仅行业碳排放量处于高值,而且行业碳排放强度表现不佳,化学纤维制品业、食品制造业和饮料制品业虽然碳排放强度处于高值,但是行业碳排放量并不高。究其原因,需要进一步分析轻工各行业碳排量影响因素,或是利用其他的评价指标和模型分析。另外,造纸业、纺织业等行业将是未来节能减排、低碳转型重点关注的行业,也说明这些行业具有较大的减排潜力。

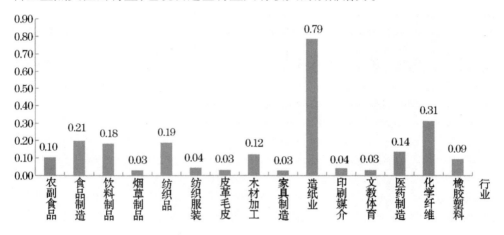

图 3-18 2007—2016 年我国轻工产业各行业年均碳排放强度

Figure 3-18 The annual average carbon emission intensity of
various industries in China's light industry in 2007—2016

从图 3-19 可以看出,我国轻工产业碳排放强度较高的省区市有山西、吉林、广西、海南、贵州、甘肃、青海、宁夏和新疆等,其年均碳排放强度都在 0.30 吨/万元以上,尤其是新疆轻工业的年均碳排放强度达到了 0.93 吨/万元,这些省区市主要集中在西部地区以及轻工业发展缓慢的地区。其他省区市中,天津、上海、福建和浙江等地的轻工业碳排放强度领先于其他省区市,表现出色且均小于 0.10 吨/万元,这些省市主要分布在沿海地区。轻工产业高碳省市往往碳排放强度不高,然而高碳排放强度省市则与轻工产业碳排放增长率较高的省市吻合,判断出现此结论的原因需要进一步分析各省区市轻工产业碳排放的影响因素。

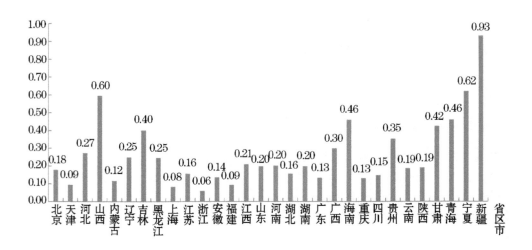

图 3 - 19 2007—2016 年我国轻工产业各省区市年均碳排放强度

Figure 3 - 19 The annual average carbon emission intensity of
various provinces in China's light industry in 2007—2016

第四节 脱钩分析

上文分别分析了轻工产业工业总值、能源与碳排放等方面的特征和趋势,但是并没有得到轻工产业工业总值与能源以及工业总值与碳排放关系的结论。纵观主要发达国家的工业经济发展情况,工业经济发展与能源、碳排放的关系总会经历一段从相互耦合到相互脱钩的发展阶段,那么,研究轻工产业能源、碳排放与工业增长的脱钩状态将有助于进一步揭示我国轻工产业绿色发展特征与演化趋势。目前,国际上广泛应用的脱钩状态模型主要有 OECD 模型和塔皮奥(Tapio)模型。OECD 模型提出资源环境压力、环境状态以及经济驱动力等指标体系,在此基础上建立了资源环境压力和经济驱动力的关系模型,以评价环境与经济之间的脱钩状态,但是模型中时间维度上只设置了基期值和末期值,存在数据设定的随意性,导致了模型结果的较大误差,稳定性差。然而,塔皮奥(Tapio)模型避免了时间维度设置参数带来的误差,利用指标变化率比值等弹性测算脱钩状态e,具体公式如下:

$$e = \frac{\Delta A / A}{\Delta B / B} \qquad (3.2)$$

公式(3.2)中 A 表示资源环境压力因素,B 表示经济社会驱动力因素,e 则反映了资源环境因素与经济社会发展因素相对变化关系。评价此脱钩程度分为负脱钩、脱钩和连接三个标准,负脱钩表示两个指标存在同步变化的关系,脱钩的含义与负脱钩相反,表示两个指标存在背离的关系,而连接表示负脱钩与脱钩之间一种过渡的状态。在此基础上,塔皮奥模型进一步将这三种状态细分了 8 个脱钩程度,如表 3 - 4。

表 3 - 4 脱钩程度及划分标准

Table 3 - 4 The decoupling degree and classification standard

脱钩程度		ΔA／A	ΔB／B	e
负脱钩	扩张负脱钩	正	正	e > 1.2
	弱负脱钩	负	负	0 < e < 0.8
	强负脱钩	正	负	e < 0
脱钩	衰退脱钩	负	负	e > 1.2
	弱脱钩	正	正	0 < e < 0.8
	强脱钩	负	正	e < 0
连接	增长连接	正	正	0.8 < e < 1.2
	衰退连接	负	负	0.8 < e < 1.2

本研究采用塔皮奥模型,从能源与碳排放两个角度分别分析了轻工产业能源消耗与工业总值的脱钩状态 e_E、轻工产业碳排放与工业总值的脱钩状态 e_c,具体公式如下:

$$e_E = \frac{\Delta E/E}{\Delta LY/LY} \qquad\qquad (3.3)$$

$$e_c = \frac{\Delta C/C}{\Delta LY/LY} \qquad\qquad (3.4)$$

公式中,E 表示轻工产业能源消耗,C 表示轻工产业碳排放,LY 表示轻工产业工业总值,上述公式中需要利用轻工产业能源消耗、碳排放以及工业总值变化率三组数据,而三组变化率的基础数据则来源于《中国统计年鉴》《中国工业经济统计年鉴》和《中国能源统计年鉴》等。

依据公式(3.3),测算出我国轻工产业能源消耗与工业总值的脱钩状态,如表 3 - 5,并且得到了 2008—2016 年平均 9 年的轻工产业各行业的脱钩状态以及脱钩分布情况(见表 3 - 6、3 - 7)。研究发现,2008 年到 2016 年期间,轻工产业能源消耗与工业总值脱钩弹性系数,除 2014 年的负数以外,其他年份均为正数,脱钩状态以弱脱钩为主,只有 2013 年出现了扩张负脱钩。一方面可以看出我国轻工产业主要处于工业总产值与能源消耗同时增加,而且工业总值增长速度超过了能源消耗增长速度,但是与强脱钩阶段还有一定的距离;另一方面,从 2013 年的扩张负脱钩到 2014 年的强脱钩状态可以看出,主要是轻工能源消耗主导着脱钩弹性系数的变化,工业总值增速变化不大,也说明实现轻工产业能源消耗与工业总值的强脱钩状态要从轻工产业能源消耗出发,保证不损失产值的情况下降低能源消耗。

从轻工产业细分行业分析,从 2008 年到 2016 年,我国轻工产业各行业能源消耗与工业总值脱钩状态表现良好,除烟草制品业呈现出强脱钩状态,其余轻工产业行业均出现弱脱钩状态,但是并没有实现真正的低碳绿色的强脱钩状态。再者,根据表 3 - 7 轻工产业脱钩状态分布情况可以看出,印刷媒介业和木材加工业脱钩状态表现突出,脱钩次数分别是 9 次和 8 次,而化学纤维业表现不佳,脱钩次数只出现 2 次,其他行业的脱钩次数较为一致,出现 6 ~ 7 次。在非脱钩状态中,轻工产业各行业大多分布在扩张负脱钩和增长连接状态中,说明轻工产业各行业能源消耗增长速度超过了工业总值增长速度。也就是说,实现轻工产业各行业的全面脱钩状态,不仅要降低能源消耗速度,使其低于工业总值增速,更要实现能源消耗的负增长。

表 3 – 5 2008—2016 年我国轻工产业能源消耗与工业总值脱钩程度

Table 3 – 5 The decoupling degree between energy consumption and
industrial value of China's light industry in 2008—2016

年份	能源消耗增速	工业总值增速	弹性值	脱钩程度
2008	0.1016	0.2291	0.4434	弱脱钩
2009	0.0065	0.1313	0.0497	弱脱钩
2010	0.0044	0.2482	0.0175	弱脱钩
2011	0.0220	0.1986	0.1108	弱脱钩
2012	0.0356	0.1650	0.2155	弱脱钩
2013	0.1873	0.1329	1.4096	扩张负脱钩
2014	− 0.0063	0.0928	− 0.0677	强脱钩
2015	0.0003	0.0506	0.0056	弱脱钩
2016	0.0177	0.0555	0.3182	弱脱钩

数据来源:根据本章测算结果整理得到。

表 3 – 6 2008—2016 年平均 9 年的轻工产业各行业能源消耗与工业总值脱钩程度

Table 3 – 6 The average decoupling degree between energy consumption and
industrial value of various industries in light industry in 2008—2016

行业	能源消耗增速	工业总值增速	弹性值	脱钩程度
农副食品	0.0735	0.1719	0.4276	弱脱钩
食品制造	0.0478	0.1715	0.2788	弱脱钩
饮料制品	0.0548	0.1595	0.3433	弱脱钩
烟草制品	− 0.0089	0.1008	− 0.0880	强脱钩
纺织业	0.0195	0.0966	0.2022	弱脱钩

续表

行业	能源消耗增速	工业总值增速	弹性值	脱钩程度
纺织服装	0.0395	0.1420	0.2784	弱脱钩
皮革毛皮	0.0669	0.1346	0.4973	弱脱钩
木材加工	0.0464	0.1825	0.2543	弱脱钩
家具制造	0.1153	0.1590	0.7254	弱脱钩
造纸业	0.0253	0.1043	0.2426	弱脱钩
印刷媒介	0.0456	0.1671	0.2730	弱脱钩
文教体育	0.0831	0.3660	0.2271	弱脱钩
医药制造	0.0821	0.1900	0.4319	弱脱钩
化学纤维	0.0355	0.0848	0.4185	弱脱钩
橡胶塑料	0.0526	0.1271	0.4141	弱脱钩
其他轻工业	0.0332	0.1178	0.4895	弱脱钩

数据来源:根据本章测算结果整理得到。

表 3 – 7 2008—2016 年我国轻工产业各行业能源消耗脱钩程度及分布情况

Table 3 – 7 The decoupling degree and distribution of energy consumption
in various industries of China's light industry in 2008—2016

行业	扩张负脱钩	弱负脱钩	衰退脱钩	弱脱钩	强脱钩	增长连接
农副食品	1	0	0	6	2	0
食品制造	0	0	0	4	3	2
饮料制品	1	0	0	3	4	1
烟草制品	0	0	1	3	4	1
纺织业	1	0	0	3	4	1
纺织服装	0	0	0	5	3	1
皮革毛皮	2	0	0	3	4	0
木材加工	1	0	0	4	4	0
家具制造	2	0	0	3	3	1

续表

行业	扩张负脱钩	弱负脱钩	衰退脱钩	弱脱钩	强脱钩	增长连接
造纸业	0	0	0	3	4	2
印刷媒介	0	0	0	7	2	0
文教体育	2	0	0	4	3	0
医药制造	1	0	0	7	1	0
化学纤维	3	1	2	2	0	1
橡胶塑料	1	0	0	5	2	1
其他轻工业	1	1	0	5	2	0

数据来源：根据本章测算结果整理得到。

依据公式(3.4)，测算出我国轻工产业碳排放与工业总值脱钩状态，如表3-8，并且得到了2008—2016年平均9年的轻工产业各行业的碳排放脱钩状态以及脱钩分布情况(见表3-9、3-10)。研究发现，轻工产业的脱钩弹性系数大致出现正负数交替的情况，负数情况全部表示了强脱钩，而正数情况下则出现了弱脱钩、增长连接和扩张负脱钩三种情况。具体来说，2012年以前，我国轻工产业的碳排放与工业总值出现弱脱钩与强脱钩交替出现的态势，总体表现不错，但是从2013年以后，脱钩状态中出现了扩张负脱钩和增长连接，处于间歇性脱钩状态。2008年到2016年期间，我国轻工产业的碳排放与工业总值脱钩状态主要由碳排放变化主导，工业总值增长速度一直处于正增长，碳排放增速处于正、负增长交替，然而在非脱钩状态中，由于碳排放增速超过了工业总值的增速，所以要实现轻工产业碳排放完全脱钩状态，需要碳排放达到全面负增长。

从轻工产业细分行业看，从2008年到2016年我国轻工产业各行业的碳排放与工业总值脱钩状态中，除了纺织业没有达到脱钩状态为增长连接，其余各行业均出现了脱钩状态，其中烟草制品业出现了强脱钩，其他行业为弱脱钩。再从轻工产业脱钩分布情况可以看出，化学纤维业表现最差，仅出现2次脱钩状态，其余行业脱钩次数较为一致，出现6~8次；在非脱钩状态下，轻工产业各行业至少出现了 1 次扩张负脱钩状态,说明这 9 年间各行业都出现了碳排放增长速度超过工业总值增速的情况。结合碳排放、能源消耗与工业总值的脱钩指标分析,在考察期间,轻工产业大体上达到了弱脱钩状态,但是与实现轻工产业全面强脱钩还有一定的差距,主要靠降低轻工产业能源消耗和碳排放增速来实现。另外,轻工产业各行业中只有化学纤维业在大多情况下处于非脱钩状态,这与行业属性密切相关,化学纤维业主要以高能耗、高排放的化学品为原材料,所以会出现能耗增速和碳排放增速超过工业总值增速的情况。

表 3 − 8　2008—2016 年我国轻工产业碳排放与工业总值脱钩程度

Table 3 − 8 The decoupling degree between carbon emission and

industrial value of China's light industry in 2008—2016

年份	碳排放增速	工业总值增速	弹性值	脱钩程度
2008 年	0. 1431	0. 2291	0. 6244	弱脱钩
2009 年	− 0. 0092	0. 1313	− 0. 0702	强脱钩
2010 年	0. 0399	0. 2482	0. 1608	弱脱钩
2011 年	− 0. 0244	0. 1986	− 0. 1230	强脱钩
2012 年	0. 0035	0. 1650	0. 0209	弱脱钩
2013 年	0. 4459	0. 1329	3. 3551	扩张负脱钩
2014 年	− 0. 0699	0. 0928	− 0. 7539	强脱钩
2015 年	0. 0601	0. 0506	1. 1877	增长连接
2016 年	− 0. 0343	0. 0555	− 0. 6186	强脱钩

数据来源:根据本章测算结果整理得到。

表 3 – 9　2008—2016 年平均 9 年轻工产业各行业碳排放与工业总值脱钩程度

Table 3 – 9　The average decoupling degree between carbon emission and industrial

value of various industries in China's light industry in 2008—2016

行业	碳排放增速	工业总值增速	弹性值	脱钩程度
农副食品	0.1089	0.1719	0.6332	弱脱钩
食品制造	0.0875	0.1715	0.5102	弱脱钩
饮料制品	0.0925	0.1595	0.5801	弱脱钩
烟草制品	− 0.0885	0.1008	− 0.8780	强脱钩
纺织业	0.0992	0.0966	1.0266	增长连结
纺织服装	0.0043	0.1420	0.0305	弱脱钩
皮革毛皮	0.0504	0.1346	0.3742	弱脱钩
木材加工	0.0125	0.1825	0.0684	弱脱钩
家具制造	0.0771	0.1590	0.4848	弱脱钩
造纸业	0.0377	0.1043	0.3620	弱脱钩
印刷媒介	0.1087	0.1671	0.6501	弱脱钩
文教体育	0.2234	0.3660	0.6105	弱脱钩
医药制造	0.1174	0.1900	0.6178	弱脱钩
化学纤维	0.0625	0.0848	0.7373	弱脱钩
橡胶塑料	0.0406	0.1271	0.3197	弱脱钩
其他轻工业	0.0468	0.1178	0.3974	弱脱钩

数据来源:根据本章测算结果整理得到。

表 3 – 10　2008—2016 年我国轻工产业各行业碳排放脱钩程度及分布情况

Table 3 – 10　The degree and distribution of carbon emission decoupling of various industries in China's light industry in 2008—2016

行业	扩张负脱钩	强负脱钩	衰退脱钩	弱脱钩	强脱钩	增长连接
农副食品	1	0	0	6	1	0
食品制造	1	0	0	3	4	1
饮料制品	1	0	0	1	6	1
烟草制品	2	0	0	1	6	0
纺织业	2	0	1	2	4	0
纺织服装	1	0	0	3	5	0
皮革毛皮	1	0	0	2	6	0
木材加工	1	0	0	2	6	0
家具制造	2	0	0	4	3	0
造纸业	1	0	0	5	3	0
印刷媒介	2	0	0	3	4	0
文教体育	2	0	0	4	3	0
医药制造	1	0	0	4	2	2
化学纤维	4	0	3	1	1	0
橡胶塑料	1	0	0	2	5	1
其他轻工业	2	1	0	2	4	0

数据来源:根据本章测算结果整理得到。

本章小结

　　本章在回顾 2007 年到 2016 年轻工产业经济增长和能源消耗的基础上,运用 IPCC 推荐的方法对轻工产业碳排放量进行核算,着重考察了轻工产业碳排放走势及特征,以及利用塔皮奥模型测算了我国轻工产业在 2008 年到 2016 年间工业总值与能源消耗、碳排放的脱钩状态,得到以下结论。

　　在 2007 年到 2016 年期间,我国轻工产业工业总值年增速约为 15% ,从 2007 年的 100452. 82 亿元,不断稳步增长,到 2016 年已经达到了 334235. 98 亿元。其中 2007 年到 2011 年为轻工业产业高速发展期,增长速度在 20% ～ 25% 之间,直到 2014 年跌破 10% ,2015 年和 2016 年轻工产业增长速度稳定在 5 个百分点左右。产业结构主要以农副食品加工业、纺织业和橡胶塑料制品业为主,而家具制造业、印刷媒介业和化学纤维制造业的工业产值比重较低。从轻工产业地区分布来看,我国轻工产业地域分布不均,主要集中在广东、山东、江苏、浙江和福建等沿海地区,而中西部地区大部分的轻工业工业产值增长速度较快,而沿海地区大部分的轻工业工业产值增长速度落后于中西部地区。

　　从 2007 年到 2016 年期间,我国的轻工产业能源消耗量呈现不断上升的趋势,2013 年前约为 25000 万吨标准煤,2013 年呈现了跳跃式的发展,并稳定在 33000 万吨标准煤左右。其能源消耗速度在 2007 年到 2016 年期间大致呈现倒 "N" 型。再者,其能源强度大致呈现下降的趋势。从细分行业来看,轻工产业的能源消耗主要集中在以农产品为原料的轻工业,具体行业为纺织业、造纸和纸制品业、橡胶和塑料制品业以及农副食品加工业等,而各行业能源强度表现差异较大,其中造纸和纸制品业、化学纤维制造业和纺织业等行业表现不佳。从地区分布分析,我国的轻工产业能源消耗,仅有山东、广东和江苏等少数地区分布相对均匀,只有 500 万吨标准煤左右,其能耗占比约为 0 ~5% 之间;区域能源强度则与能耗不同,部分东部地区如天津、浙江、福建等的轻工产业能源强度表现突出,部分西部地区如青海、宁夏和新疆等的能源强度远远落后于全国平均水平。从能源消费结构角度看,我国轻工产业能源消耗主要来源于热力电力类和煤炭类等能源,其中热力电力类能源消耗占比基本保持在 50% ~60% 左右。

2007 年到 2016 年期间,我国轻工产业碳排放量虽然达到了最高点 40994.47 万吨,但是产业碳排放峰值并不明显,并未出现下降的趋势。碳排放变化率则呈现出两侧较长的倒"U"型,碳排放变化率在 2013 年出现了最高值,约为 45%。然而轻工产业碳排放强度呈现下降趋势,2007 年的碳排放强度为峰值点,随后 10 年则是峰值的后半侧,但并不稳定。从细分行业看,一是行业碳排放量主要集中在造纸和纸制品业、纺织业和农副食品加工业等,其年均碳排放量分别为 8382 万吨、5588 万吨和 4274 万吨,总计约为整个轻工产业碳排放量的 65%;二是碳排放强度较高的行业是造纸业、化学纤维制品业、食品制造业、纺织业和饮料制品业等,高于整个轻工产业年均碳排放强度。从区域分布分析,轻工产业的碳排放量主要集中在山东、广东和江苏等沿海地区,约占全国轻工产业碳排放量的 40%,然而碳排放增长率高的省市与轻工业高碳省市并不一致,主要分布在海南、江苏、青海、宁夏、重庆和内蒙古等地。

我国轻工产业工业总值与能源消耗、碳排放之间的脱钩状态以弱脱钩状态为主,但是与低碳绿色的强脱钩状态还有一定的差距,主要原因是能源消耗和碳排放量并没有实现连续的负增长。从细分行业来看,除了化学纤维制造业由于行业性质以非脱钩状态为主,其他行业的脱钩次数均在 70% 以上,而非脱钩状态以扩张负脱钩和增长连接状态为主,是由于能耗增速和碳排放增速均超过了轻工产业工业总值增速。

第四章
基于 LMDI 的我国轻工业
碳排放因素分解

第一节　模型构建

上一章分析了2007年到2016年我国轻工产业经济、能源与碳排放等方面的特征和走势,本章将进一步分析轻工产业碳排放影响因素。关于产业、区域能源消耗与碳排放影响因素分解的主流方法有指数分解法(Index Decomposition Analysis,IDA)和结构分解法(Structural Decomposition Analysis,SDA)。指数分解法广泛应用于资源环境经济领域,是因为指数分解法投入数据只需将各经济或产业部门数据加总即可,特别适合分解较少影响因素的情况,而且模型中也包括了时间序列数据。与之不同的是,结构分解法投入数据则需要完整的投入产出表中的数据,可获得性较困难。所以本研究采用指数分解法中对数平均迪氏指数法(Log Mean Divisia Index,LMDI)分析我国轻工产业碳排放影响因素。另外,指数分解法除了迪氏分解法还有一种拉氏指数法。相比于拉氏指数法分解结果中较大的残差项会严重影响分析结论,对数平均迪氏指数法则将分解结果中的余项完全分解,避免了拉氏指数法结果中残差项过大的弊端。

关于二氧化碳排放影响因素的研究中被学者广泛采用的恒等式之一卡亚(Kaya)恒等式,是由日本学者茅阳一·卡亚(Yoichi Kaya)在 IPCC 研讨会上提出的,恒等式表示了二氧化碳排放与经济总量、人口数量以及能源消耗之间的关系,恒等式如下:

$$CO_2 = \frac{CO_2}{E} \times \frac{E}{GDP} \times \frac{GDP}{P} \times P \qquad (4.1)$$

恒等式(4.1)中 CO_2、E、GDP 和 P 分别表示了二氧化碳排放量、能源消耗量、某国国内生产总值以及某国人口数量,同时也揭示了二氧化碳排放的四个影响因素,分别为单位能源二氧化碳排放量(二氧化碳排放强度)、单位生产总值能源消耗量(能源强度)、人均生产总值以及人口数量。

除以上影响因素外,笔者认为二氧化碳排放还与产业结构、能源消耗结构等影响因素相关,所以本研究在卡亚恒等式的基础上,利用 LMDI 方法将我国轻工产业碳排放影响因素分解为就业因素、人均产值、产业结构、能源结构、能源强度和能源碳排放系数五个因素,具体表达式如下:

$$C = \sum_i \sum_j P \times \frac{G}{P} \times \frac{G_i}{G} \times \frac{E_i}{G_i} \times \frac{E_{ij}}{E_i} \times \frac{C_{ij}}{E_{ij}} \qquad (4.2)$$

$$C = \sum_i \sum_j P \times l \times m_i \times n_i \times e_{ij} \times \theta_{ij} \qquad (4.3)$$

表达式(4.2)中 C 为二氧化碳排放量,P 为就业人员数量,G 为轻工产业生产总值,G_i 为轻工产业中第 i 种行业的生产总值,E_i 为第 i 种轻工行业使用能源的消耗量,E_{ij} 为第 i 种轻工行业使用第 j 种能源的消耗量,C_{ij} 为第 i 种轻工行业使用第 j 种能源产出的碳排放量。表达式(4.3)中 P 为就业人员数量,即就业因素,l 为人均产值因素,m_i 为第 i 种轻工行业生产总值占轻工产业的比重,即产业结构因素,n_i 为第 i 种轻工行业的能源强度,即能源强度因素,e_{ij} 为第 i 种轻工行业使用第 j 种能源消耗量的比重,即能源结构因素,θ_{ij} 为第 i 种轻工行业使用第 j 种能源的碳排放系数。

定义轻工产业碳排放增加量为总效应,采用 ΔC 表示。利用 LMDI 模型加和分解法,总效应可以分解为就业效应、人均产值效应、产业结构效应、能源强度效应、能源结构效应和碳排放系数效应,分别用 ΔC_P、ΔC_l、ΔC_m、ΔC_n、ΔC_e 和 ΔC_θ 表示,由于不同种类能源的碳排放系数基本一致,所以碳排放系数相应为 0,即 ΔC_θ 等于 0。另外,假设轻工产业基期和 t 期的碳排放量为 C_0 和 C_t,轻工产业碳排放总效应可表示为:

$$\Delta C = C_t - C_0 = \Delta C_P + \Delta C_l + \Delta C_m + \Delta C_n + \Delta C_e \qquad (4.4)$$

轻工产业碳排放各影响因素逐年效应表达式如下:

$$\Delta C_p = \sum_{i=1}^{16} \sum_{j=1}^{19} L(C_{ij}^{t-1}, C_{ij}^t) \ln\left[\frac{p(t)}{p(t-1)}\right] \qquad (4.5)$$

$$\Delta C_l = \sum_{i=1}^{16} \sum_{j=1}^{19} L(C_{ij}^{t-1}, C_{ij}^t) \ln\left[\frac{l(t)}{l(t-1)}\right] \qquad (4.6)$$

$$\Delta C_m = \sum_{i=1}^{16} \sum_{j=1}^{19} L(C_{ij}^{t-1}, C_{ij}^{t}) \ln\left[\frac{m_i(t)}{m_i(t-1)}\right] \qquad (4.7)$$

$$\Delta C_n = \sum_{i=1}^{16} \sum_{j=1}^{19} L(C_{ij}^{t-1}, C_{ij}^{t}) \ln\left[\frac{n_i(t)}{n_i(t-1)}\right] \qquad (4.8)$$

$$\Delta C_e = \sum_{i=1}^{16} \sum_{j=1}^{19} L(C_{ij}^{t-1}, C_{ij}^{t}) \ln\left[\frac{e_{ij}(t)}{e_{ij}(t-1)}\right] \qquad (4.9)$$

$$L(C_{ij}^{t-1}, C_{ij}^{t}) = \begin{cases} \dfrac{C_{ij}^{t} - C_{ij}^{t-1}}{\ln(C_{ij}^{t}/C_{ij}^{t-1})}, & C_{ij}^{t} \neq C_{ij}^{t-1} \\ C_{ij}^{t} \text{或} C_{ij}^{t-1}, & C_{ij}^{t} = C_{ij}^{t-1} \end{cases} \qquad (4.10)$$

其中有些轻工行业在某些年度使用的某种能源量可能为 0,则对于 $C_{ij}^{t} \neq C_{ij}^{t-1}$,将会出现四种可能的特殊情况,如表 4－1 所示。以表中第三种情况为例,第 t 年第 i 种轻工行业使用第 j 种能源消耗量为 0,然而第 t－1 年该种轻工产业使用的该种能源消耗量并不为 0,当 u 表示能源结构 e_{ij} 时,则出现以下等式:

$$\lim_{\beta \to 0} \frac{\beta - C_{ij}^{t-1}}{\ln(\beta/C_{ij}^{t-1})} \ln\frac{\beta}{u(t-1)} = \lim_{\beta \to 0}\left[(\beta - C_{ij}^{t})\frac{\ln\beta - \ln u(t-1)}{\ln\beta - \ln C_{ij}^{t-1}}\right] = -C_{ij}^{t-1}$$

$$(4.11)$$

同理,可以推导出另外三种情形的极限值,见表 4－1。

表 4－1 LMDI 分解的四种特殊情况

Table 4－1 Four special cases of LMDI decomposition

情况	C_{ij}^{t}	C_{ij}^{t-1}	$u(t)$	$u(t-1)$	$L(C_{ij}^{t-1}, C_{ij}^{t})$	u 代表项
1	0	+	+	+	0	P、l、m_i 或 n_i
2	+	0	+	+	0	P、l、m_i 或 n_i
3	0	+	0	+	$-C_{ij}^{t-1}$	e_{ij}
4	+	0	+	0	C_{ij}^{t}	e_{ij}

为了进一步分析轻工产业碳排放影响因素效应的贡献度,将各因素效应的贡献度定义为如下等式:

$$\eta_p = \frac{\Delta C_p}{\Delta C}, \eta_l = \frac{\Delta C_l}{\Delta C}, \eta_m = \frac{\Delta C_m}{\Delta C}, \eta_n = \frac{\Delta C_n}{\Delta C}, \eta_e = \frac{\Delta C_e}{\Delta C} \tag{4.12}$$

等式(4.12)中 η_P、η_l、η_m、η_n 以及 η_e 依次代表了就业效应贡献度、人均产值贡献度、产业结构效应贡献度、能源强度效应贡献度和能源结构效应贡献度。另外，对各时点以前的逐年效应求和，可以得到各影响因素在考察期间的累积效应。

第二节　数据来源及处理

轻工产业细分行业的就业人员数量来源于历年《中国工业统计年鉴》的年平均就业人数。以轻工产业细分行业工业总产值作为产出数据，来源于历年《中国工业统计年鉴》和《中国统计年鉴》，并进行了定基处理以及数据加总，得到轻工产业工业总产值。轻工产业各行业能源消耗以及能源结构数据来源于历年《中国能源统计年鉴》《中国工业统计年鉴》和《中国统计年鉴》等。

然而，轻工产业的碳排放以及细分各行业的碳排放数据，需要用轻工产业能源消耗以及碳排放系数等指标进行估算，具体估算方法以及估算结果见本书第三章，这里不再说明。

第三节　实证分析

本研究以 2007 年数据为基期，利用上述 LMDI 模型，对 2008 年到 2016 年我国轻工产业能源消耗碳排放影响因素进行分解，得到了历年的影响因素就业规模、人均产值、产业机构、能源强度和能源结构等方面的逐年效应和累积效应,以及各影响因素对轻工产业碳排放的贡献度。

一、各影响因素的逐年效应以及贡献度

根据上述公式(4.5)到(4.9)以及(4.12)可以得到我国轻工产业碳排放各影响因素的逐年效应和贡献度,分别见表 4 - 2 和表 4 - 3。2008 年到 2016 年期间,轻工产业碳排放逐年总效应中正、负效应总是交替出现的,而且正、负效应出现次数大致相同。从数值大小分析,2013 年出现了轻工产业碳排放逐年总效应的峰值,轻工产业碳排放量共增加了 12641.81 万吨,其余年份无论正、负效应,都没有超过 10000 万吨碳排放量。

表 4 - 2 2008—2016 年我国轻工产业碳排放各因素逐年效应

Table 4 - 2 Year by year effect of various factors of carbon
emission in China's light industry in 2008—2016

单位:万吨

年份	就业规模	人均产值	产业结构	能源强度	能源结构	总效应
2008 年	2609.1945	2813.3041	- 354.3911	1529.0613	- 3078.9809	3518.1879
2009 年	- 266.2114	3716.5878	- 450.1781	3278.9751	- 6538.1367	- 258.9633
2010 年	1633.9349	4659.0968	305.4804	5479.1918	- 10965.8089	1111.8949
2011 年	- 2124.5568	7300.3285	31.9392	5964.8743	- 11879.8854	- 707.3002
2012 年	- 326.9525	4643.8043	- 1852.1416	2326.1424	- 4693.2451	97.6076
2013 年	3306.2345	955.1050	- 447.5941	- 8544.0249	17372.0904	12641.8110
2014 年	1010.5142	2493.1318	- 1004.5357	5234.4039	- 10600.5989	- 2867.0847
2015 年	- 512.2137	2436.4474	- 155.4091	- 639.5191	1162.6403	2291.9458
2016 年	- 1035.5988	3174.9946	- 106.6489	3031.6073	- 6451.6470	- 1387.2928

数据来源:根据本章测算结果整理得到。

表 4 - 3　2008—2016 年我国轻工产业碳排放各因素逐年效应贡献度

Table 4 - 3 Year by year effect contribution of various factors of

carbon emission in China's light industry in 2008—2016

年份	就业规模	人均产值	产业结构	能源强度	能源结构
2008 年	0.7416	0.7996	- 0.1007	0.4346	- 0.8752
2009 年	1.0280	- 14.3518	1.7384	- 12.6619	25.2473
2010 年	1.4695	4.1902	0.2747	4.9278	- 9.8623
2011 年	3.0038	- 10.3214	- 0.0452	- 8.4333	16.7961
2012 年	- 3.3497	47.5763	- 18.9754	23.8316	- 48.0828
2013 年	0.2615	0.0756	- 0.0354	- 0.6759	1.3742
2014 年	- 0.3525	- 0.8696	0.3504	- 1.8257	3.6973
2015 年	- 0.2235	1.0630	- 0.0678	- 0.2790	0.5073
2016 年	0.7465	- 2.2886	0.0769	- 2.1853	4.6505

数据来源:根据本章测算结果整理得到。

　　从轻工产业碳排放各影响因素的逐年效应来看,能源结构效应和产业结构效应在 2008 年到 2016 年期间除个别年份外都是负值,总体上对轻工产业碳排放起到了抑制作用。具体说,产业结构效应在考察期的早期 2010 年和 2011 年出现正值,其余年份均是负值,说明轻工产业中各行业的结构较为合理,并限制了轻工产业碳排放的增长,但是从贡献度来看,产业结构效应相比其他效应,对轻工产业碳排放的抑制作用较小。能源结构效应在 2008 年到 2012 年一直为负值,从 2013 年到 2016 年正、负值交替出现,其抑制效应在考察期的前半段较为突出,后半段则表现出波动、不稳定的特征。然而与产业结构效应不同的是,能源结构效应的贡献度基本每年都是最大的,说明能源结构是影响轻工产业碳排放最主要的因素,轻工产业能源结构较优化,尤其在考察期间前半段较为明显,而后期能源结构优化并不明显,并对碳排放增加表现为促进作用。

　　就业规模效应大致呈现出正、负值交替出现,在 2008 年、2010 年、2013 年和

2014 年这四年对轻工产业碳排放表现出拉动作用,而其余各年则抑制了轻工产业的碳排放,但是从贡献度方面分析,就业规模效应对轻工产业碳排放的贡献率较小,说明其影响作用较弱。

最后,人均产值效应和能源强度效应在 2008 年到 2016 年期间主要是正值,说明这两个影响因素对轻工产业碳排放增加起到了促进作用,而且从贡献度来看,他们对轻工产业碳排放的贡献率较大,是导致轻工产业碳排放增加的主要驱动力。不同的是,人均产值效应从 2008 年到 2016 年一直为正值,一直促进轻工产业碳排放增加,尤其在 2010 年到 2012 年对轻工产业碳排放的促进作用达到了顶峰。然而能源强度在考察期间后半段的 2013 年和 2015 年出现负值,说明能源强度效应在后半段对轻工产业碳排放增加的促进作用并不稳定,偶尔也抑制了碳排放的增加。进一步说,人均产值效应的正向作用揭示了轻工产业经济产出促进了碳排放的增加,所以不仅要关注轻工产业生产率,更要关注碳排放影响下的轻工产业绿色生产率问题,同样,能源强度从另一个角度也反映了轻工产业的能源效率问题。

2008 年到 2016 年期间,我国轻工产业碳排放逐年效应的细分行业差异明显,大致呈现出正、负效应交替,其逐年效应以及贡献度的具体数值见表 4-4 和表 4-5。轻工产业细分行业碳排放逐年效应在考察期出现正向作用 5 次以及以上的行业有农副食品加工业、食品制造业、家具制造业、造纸业、印刷媒介、文体教育、医药制造业和化学纤维制品业等,这些行业主要集中在以农产品为原料的轻工产业中,同时也说明上述行业对轻工产业碳排放增长起到了促进作用。相反,其他行业主要抑制了轻工产业碳排放增长,起到了减排作用。从贡献度角度分析,在 2008 年到 2016 年期间,轻工产业细分行业碳排放逐年效应贡献率数值较大的行业依次为造纸业、食品制造业、饮料制品业、农副食品加工业、医药制药业和化学纤维业,其余的行业贡献率较低,对轻工产业碳排放增长作用不明显。结合逐年效应和贡献度两个指标可以看出,造纸业、食品制造业等行业成为轻工产业碳排放增长的主要驱动力,而饮料制品业是轻工产业碳排放减排作用的中坚力量。

　　具体说,根据表4-4可知,造纸业在2008年到2016年有6个年份出现正向效应,并且在2013年的正向效应达到顶峰,贡献了1485.95万吨碳排放量,虽然随后的几年出现了负向效应,但是减排作用很小。推动轻工产业碳排放增长主要行业之一的食品制造业在时间序列走势上不同于造纸业,主要以正、负交替的方式呈现,正向效应在2013年达到最大,为1255.44万吨,而负向效应最大值在2015年,为-345.85万吨,虽然出现了几次负向效应,但是减排作用力度不大。

表4-4　2008—2016年我国轻工产业各行业碳排放逐年效应

Table 4-4　Year by year effect of carbon emission in various

industries of China's light industry in 2008—2016　　单位:万吨

行业	2008年	2009年	2010年	2011年	2012年	2013年	2014年	2015年	2016年
农副食品	726.53	82.53	74.86	1.35	59.95	2719.45	-806.88	7.96	18.71
食品制造	417.66	-37.18	307.61	-65.99	219.54	1255.44	-271.58	-345.85	177.69
饮料制品	317.50	-82.53	-48.28	17.79	-113.05	1581.20	-467.86	-252.77	-136.50
烟草制品	0.74	-16.83	-15.44	56.54	-71.72	-2.14	-22.33	-19.42	-42.66
纺织业	277.87	-230.38	350.05	-728.07	-435.45	1538.14	-788.51	4237.76	-758.47
纺织服装	65.25	-23.46	33.45	-64.21	12.98	144.51	-43.87	-77.64	-56.82
皮革毛皮	15.99	-10.50	-37.21	-34.07	22.79	186.96	-49.05	-18.29	-34.24
木材加工	169.39	-4.32	-7.87	-14.00	-27.06	371.21	69.64	-279.97	-337.58
家具制造	39.06	1.19	14.91	-18.84	1.32	65.71	-17.06	3.11	-39.13
造纸业	919.72	243.33	500.58	313.24	114.12	1485.95	-883.32	-244.25	-97.12
印刷媒介	45.36	-12.38	12.99	-48.58	-2.79	81.27	35.17	-1.17	8.15
文教体育	23.55	-8.61	0.02	-39.38	71.30	160.87	48.66	-16.76	2.77
医药制造	280.77	-23.66	49.12	104.30	92.41	1061.74	24.14	229.36	-143.02
化学纤维	-243.97	-134.97	-313.52	95.41	90.42	786.21	-93.92	5.21	598.95
橡胶塑料	372.50	57.32	171.20	-240.70	-52.90	626.57	-211.85	-76.05	-198.14
其他轻工	90.27	-58.51	19.44	-42.05	115.76	578.71	611.54	889.28	-349.86

数据来源:根据本章测算结果整理得到。

表 4 - 5　2008—2016 年我国轻工产业各行业碳排放逐年效应贡献度

Table 4 - 5　Year by year effect contribution of carbon emission in various

industries of China's light industry in 2008—2016

行业	2008 年	2009 年	2010 年	2011 年	2012 年	2013 年	2014 年	2015 年	2016 年
农副食品	0.2065	-0.3187	0.0673	-0.0019	0.6142	0.2151	0.2814	0.0035	-0.0135
食品制造	0.1187	0.1436	0.2767	0.0933	2.2492	0.0993	0.0947	-0.1509	-0.1281
饮料制品	0.0902	0.3187	-0.0434	-0.0252	-1.1582	0.1251	0.1632	-0.1103	0.0984
烟草制品	0.0002	0.0650	-0.0139	-0.0799	-0.7348	-0.0002	0.0078	-0.0085	0.0308
纺织业	0.0790	0.8896	0.3148	1.0294	-4.4613	0.1217	0.2750	1.8490	0.5467
纺织服装	0.0185	0.0906	0.0301	0.0908	0.1330	0.0114	0.0153	-0.0339	0.0410
皮革毛皮	0.0045	0.0405	-0.0335	0.0482	0.2335	0.0148	0.0171	-0.0080	0.0247
木材加工	0.0481	0.0167	-0.0071	0.0198	-0.2772	0.0294	-0.0243	-0.1222	0.2433
家具制造	0.0111	-0.0046	0.0134	0.0266	0.0135	0.0052	0.0059	0.0014	0.0282
造纸业	0.2614	-0.9396	0.4502	-0.4429	1.1691	0.1175	0.3081	-0.1066	0.0700
印刷媒介	0.0129	0.0478	0.0117	0.0687	-0.0286	0.0064	-0.0123	-0.0005	-0.0059
文教体育	0.0067	0.0333	0.0000	0.0557	0.7304	0.0127	-0.0170	-0.0073	-0.0020
医药制造	0.0798	0.0914	0.0442	-0.1475	0.9467	0.0840	-0.0084	0.1001	0.1031
化学纤维	-0.0693	0.5212	-0.2820	-0.1349	0.9264	0.0622	0.0328	0.0154	-0.4317
橡胶塑料	0.1059	-0.2214	0.1540	0.3403	-0.5420	0.0496	0.0739	-0.0332	0.1428
其他轻工	0.0257	0.2259	0.0175	0.0595	1.1859	0.0458	-0.2133	-0.3880	0.2522

数据来源:根据本章测算结果整理得到。

二、各影响因素的累积效应

从累积效应角度分析,截至 2016 年,我国轻工产业碳排放累积总效应比 2008 年增加了 14440.81 万吨,平均每年增长 1604.53 万吨左右,而 2013 年轻工产业碳排放累积效应达到了峰值,为 16403.24 万吨,具体见表 4 - 6。从各影响因素累积效应来看,截至 2016 年,人均产值效应是我国轻工产业碳排放增长的最主要因素,增加了 32192.80 万吨;其次是能源强度效应,作为我国轻工产业碳排放增长的第二大因素,增加了17660.71万吨。就业规模效应虽然也促进了轻工产业碳排放的增长,但是相比于人均产值和能源强度效应,其对碳排放增长的促进作用非常小。所以,再次验证了人均产值因素和能源强度因素导致了我国轻工产业在2008年到2016年期间碳排放量不断增长。人均产值因素推动了轻工产业碳排放增长,也反映了轻工产业经济产出是碳排放增长的驱动力,说明不仅要关注轻工产业经济产出的增长、生产效率的提高,更要将碳排放指标纳入轻工产业产出考核中,如轻工产业绿色生产率等。能源强度因素促进轻工产业碳排放增长则表示能源使用效率低等问题导致了轻工产业碳排放量增长。

另一方面,从表4-6可以看出,能源结构效应是抑制我国轻工产业碳排放增长的主要影响因素,截至2016年,减少了碳排放量35673万吨,而产业结构效应是轻工产业碳排放减排的第二大贡献者,但是相比于能源结构效应,其减排作用较小,截至2016年,只减少了4033.48万吨碳排放量。能源结构因素对轻工产业碳排放起到了抑制作用,说明轻工产业以热力电力为主的能源消耗结构较合理,但是仍然有进步空间,因为作为碳排放主要来源的煤炭类能源比例仅次于热力电力的比重,并且有上升的趋势。再者,产业结构因素也阻碍了轻工产业碳排放的增长揭示了现有轻工产业中各细分行业比重以及行业结构较优化,但是产业结构因素对碳排放影响作用较小说明了产业结构还可以进一步优化,而且存在造纸业、食品加工制造业等轻工产业促进了碳排放增长的情况。因此,轻工产业各细分行业碳排放中各影响因素的累积效应表现如何,需要进一步分析探讨。

表 4 – 6　2008—2016 年我国轻工产业碳排放各因素累积效应

Table 4 – 6　The accumulative effect of various factors on carbon emission

in China's light industry in 2008—2016　　　　单位:万吨

年份	就业规模	人均产值	产业结构	能源强度	能源结构	总效应
2008 年	2609.1945	2813.3041	– 354.3911	1529.0613	– 3078.9809	3518.1879
2009 年	2342.9831	6529.8918	– 804.5692	4808.0364	– 9617.1176	3259.2246
2010 年	3976.9180	11188.9886	– 499.0888	10287.2281	– 20582.9264	4371.1195
2011 年	1852.3613	18489.3171	– 467.1497	16252.1024	– 32462.8118	3663.8193
2012 年	1525.4088	23133.1214	– 2319.2913	18578.2449	– 37156.0569	3761.4269
2013 年	4831.6433	24088.2264	– 2766.8854	10034.2200	– 19783.9665	16403.2379
2014 年	5842.1575	26581.3582	– 3771.4211	15268.6239	– 30384.5653	13536.1532
2015 年	5329.9438	29017.8056	– 3926.8301	14629.1048	– 29221.9251	15828.0990
2016 年	4294.3450	32192.8001	– 4033.4790	17660.7121	– 35673.5720	14440.8062

数据来源:根据本章测算结果整理得到。

从轻工产业细分行业的碳排放累积效应上看,总效应为抑制碳排放增长的行业只有烟草制品业、木材加工业和纺织服装业,但是减排作用较小,截至 2016 年,碳排放量分别减少了 133.26 万吨、60.57 万吨和 9.84 万吨,具体见表 4 – 7。碳排放累积效应中,总效应促进了轻工产业碳排放增长的行业主要有纺织业、农副食品加工业、造纸业、医药制造业和食品制造业等,截至 2016 年,碳排放量依次增加了 3462.93 万吨、2884.46 万吨、2352.26 万吨、1675.16 万吨和 1657.34 万吨。相比于抑制作用的轻工行业,这些行业的正向作用较明显,均在 1000 万吨以上,而且不难发现这些行业主要集中在以农产品为原料的轻工行业。其他行业的碳排放总效应为正向作用,对轻工产业碳排放有促进作用,但促进作用较小,截至 2016 年,碳排放增加量均在 1000 万吨以下。

从轻工产业碳排放各影响因素累积效应分析,能源结构效应基本在每个轻工行业中(化学纤维制造业除外)都抑制了碳排放量增长,说明轻工产业细分行业能源消耗结构较合理,在一定程度上起到了减排作用。能源结构效应只有对化学纤维制造业的碳排放增长起到促进作用,是因为化学纤维制造业以化学制品为原料并在生产过程中使用了高碳能源,截至 2016 年,增加了碳排放量 669.25 万吨;另一方面,农副食品加工业、橡胶塑料制造业、纺织服装业和食品制造业等在能源结构因素方面表现最佳,截至 2016 年,依次减少碳排放量 6824.47 万吨、46781.90 万吨、3542.91 万吨和 3216.20 万吨,减排量都在 3000 万吨以上。另一个对轻工产业碳排放起到抑制作用的因素产业结构效应,与能源结构效应截然不同,它只在少数轻工行业中出现负向作用,在大部分行业中还是表现为正向作用,而负向作用大于正向作用,最终表现为对轻工产业碳排放增长起到抑制作用。具体地说,产业结构效应在烟草制品业、纺织业、纺织服装业、皮革毛皮制造业和造纸业等行业对碳排放增长表现为抑制作用,其中造纸业和纺织业的作用最大,截至 2016 年,分别减少碳排放量 2945.48 万吨和 1952.94 万吨。然而,产业结构影响因素对其他轻工行业的正向作用较小,所以最终产业结构效应对轻工产业表现为负向作用。

从表 4-7 可以看出,就业规模、人均产值和能源强度三个影响因素对轻工产业各细分行业的碳排放量增长都起到了正向作用,说明这三个影响因素是轻工产业碳排放增长的主要驱动力。从影响程度来看,就业规模因素相比于其他两个因素,作用程度较小,截至 2016 年,只有纺织业和纺织服装业分别增加了碳排放量 808.23 万吨和 637.43 万吨,超过了 500 万吨,其余轻工行业均小于 500 万吨,这一结论与纺织业和纺织服装业属于劳动密集型产业密不可分。人均产值因素仍然是轻工产业细分行业中碳排放量增长的第一要素,截至 2016 年,11 个细分行业(其他轻工产业除外)的碳排放量增加值在 1000 万吨以上,其中农副食品加工业和纺织业的促进作用最明显,碳排放量分别达到了 6614.24 万吨和 4701.85 万吨。这一结论也揭示了包括人均产值在内的经济产出因素是导致轻工产业碳排放增长的主要原因,保证轻工产业生产总值前提下也要关注碳排放量、能源消耗等在内的环境指标,同时在研究轻工产业生产率的基础上进一步对轻工产业绿色生产率进行研究和分析。能源强度效应是推动轻工产业细分行业碳排放增长的第二大因素,截至 2016 年,将近一半细分行业的碳排放量增加值在 1000 万吨以上,其中造纸业和农副食品加工业正向作用最强烈,分别增加了碳排放量 4502.78 万吨和 2260.00 万吨。综上所述,轻工产业细分行业中农副食品加工业、纺织业和造纸业等在就业规模、人均产值和能源强度因素中表现最差,也是未来轻工产业碳排放减排最有潜力的行业。

表 4-7　截至 2016 年我国轻工产业碳排放各行业各因素累积效应

Table 4-7　The accumulative effect of various factors in various industries on carbon emission of China's light industry up to 2016　　单位:万吨

行业	就业规模	人均产值	产业结构	能源强度	能源结构	总效应
农副食品	428.6775	6614.2448	506.0040	2260.0031	-6924.4703	2884.4590
食品制造	215.3344	2118.3441	574.5768	1965.2852	-3216.2045	1657.3360
饮料制品	165.3561	1750.9268	175.6338	1516.4814	-2792.8973	815.5008
烟草制品	28.6135	1011.6092	-55.5968	276.2022	-1394.0910	-133.2629
纺织业	808.2324	4701.8508	-1952.9414	587.9813	-682.1934	3462.9298
纺织服装	637.4270	2225.6698	-21.0922	691.0667	-3542.9141	-9.8428
皮革毛皮	402.3137	1438.1252	-24.8287	258.4190	-2031.6440	42.3852
木材加工	161.0561	1349.2118	244.8904	1408.7884	-3224.5149	-60.5682
家具制造	132.5816	780.1706	18.1585	123.3783	-1004.0141	50.2748
造纸业	206.5359	1712.1432	-2945.4797	4502.7768	-1123.7234	2352.2529
印刷媒介	99.2740	654.7007	40.9603	110.9068	-787.8368	118.0050
文教体育	226.5198	959.5501	134.4004	81.2727	-1159.3337	242.4093
医药制造	224.0226	2282.5845	725.3752	1168.0158	-2724.8356	1675.1624
化学纤维	69.1280	898.3762	-955.2677	138.3155	669.2515	819.8034
橡胶塑料	425.1737	3375.7183	-268.2850	1597.2413	-4681.9040	447.9443
其他轻工	64.0987	319.5742	-229.9869	974.5776	-1052.2466	76.0170
轻工产业	40.2488	1163.0449	32.9797	14.9390	-1630.1541	-378.9417

数据来源:根据本章测算结果整理得到。

本章小结

本章在卡亚恒等式基础上,利用 LMDI 模型,将我国轻工产业碳排放影响因素分解为就业规模效应、人均产值效应、产业结构效应、能源强度效应和能源结构效应等,并分析了其逐年效应和累积效应,得到以下结论。

从各影响因素逐年效应角度来看,2008 年到 2016 年期间,轻工产业逐年总效应呈现出正、负效应交替出现的特征,其中就业规模因素、人均产值因素和能源强度因素对轻工产业碳排放的增长起到了促进作用,而产业结构因素和能源结构因素则抑制了轻工产业碳排放的增长。从贡献度来说,能源强度和人均产值因素是轻工产业碳排放增长的主要驱动力,就业规模效应的正向作用较小;能源结构因素是轻产业碳排放减排作用的主要贡献者,其次是产业结构因素。所以,轻工产业碳排放减排要重点关注人均产值和能源强度效应,也就是轻工产业生产率和能源效率等,尤其是轻工产业绿色生产率指标。从各行业碳排放逐年效应分析,2008 年到 2016 年期间,造纸业、食品制造业等行业成为轻工产业碳排放增长的主要驱动力,而饮料制品业是轻工产业碳排放减排作用的中坚力量。

从各影响因素累积效应分析,截至 2016 年,人均产值因素和能源强度因素是我国轻工产业碳排放增长的最主要因素,碳排放量分别增加了 32192.80 万吨和 17660.71 万吨。能源结构效应是抑制我国轻工产业碳排放增长的主要贡献者,截至 2016 年,减少了碳排放量 35673 万吨,而产业结构效应是轻工产业碳排放减排的第二大因素,但是相比于能源结构效应,其减排作用较小,截至 2016年,碳排放量只减少了 4033.48 万吨。从轻工产业细分行业的碳排放累积效应上看,农副食品加工业、纺织业和造纸业等行业在五个影响因素方面表现突出,正、负向作用都比较明显,贡献率较大。

第五章

考虑碳排放的轻工产业
绿色全要素生产率测算

我国轻工产业工业生产总值不断稳步增长，而轻工产业生产过程中的能源消耗量以及碳排放量也不断增加。根据第三章核算结果，2007 年到 2016 年期间，我国轻工产业工业总值年增速约为 15%，从 100452.82 亿元增长到 334235.98 亿元，而在此期间轻工产业能源消耗和碳排放量也不断增长，分别达到了 33809.94 万吨标准煤和 40994.47 万吨，这揭示了轻工产业经济高增长背后带来了高能耗、高碳排放等结果。所以，实现轻工产业低碳转型是缓解当前我国轻工产业快速发展与高能耗、高排放等环境问题冲突的关键。轻工产业低碳转型不仅需要保证轻工产业的经济效率，也要关注低能耗、低排放等方面的环境效率，而提高轻工产业绿色全要素生产率则是其中必不可少的一步。再者，通过 LMDI 模型对我国轻工产业碳排放影响因素的分解得到经济产出（人均产值因素）和能源强度因素是轻工产业碳排放增长的主要驱动力，因此，轻工产业绿色全要素生产率的提高和能耗效率的提高对于轻工产业低碳转型尤为重要，刻不容缓。

全要素生产率分析框架由京洛[63]首次提出，全要素生产率分析框架不仅被新古典增长理论广泛应用，也是推动工业经济增长（除了传统意义上投入要素以外）的重要驱动力。在早期，学者们对全要素生产率的估算大多只是基于资本、劳动力和中间投入量等数据，利用柯布道格拉斯生产函数（CD 生产函数）、随机前沿生产函数（SFA）、超越对数生产函数等测度方式，但是这些测度方式存在一定的缺陷——并没有考虑资源消耗、环境污染等非期望产出，测算结果将出现严重的偏差[235]。随着环境污染问题的日益突出以及绿色发展方式的兴起，特别是近年来温室气体排放带来了全球气候变暖问题以及低碳转型的提出，越来越多的学者将能源消耗和碳排放等因素作为坏产出纳入全要素生产率分析框架中，运用了数据包络分析法（DEA）测算出不同区域、不同产业的绿色全要素生产率[236]。

数据包络分析法（Date Envelopment Analysis，DEA）是由美国运筹学家沙尔内（Charnes）、库珀（Cooper）和罗兹（Rhodes）在 1978 年首次提出，并开发了规模收益不变假设的 CCR 模型，它利用了线性规划求解等数学模型，用于评价那些包含了多项投入和多项产出的同类型单位之间的相对有效性。随后,学者班克(Banker)、沙尔内(Charnes)和库珀(Cooper)在 CCR 模型的基础上提出了规模收益变动假设的 BCC 模型。除了 CCR 模型和 BCC 模型,具有代表性的 DEA 模型还有规模收益递增假设的 ST 模型和规模收益递减假设的 FG 模型等。DEA 评价方法不同于传统生产函数方法,它对包含非期望产出的多投入多产出系统效率评价时无须列出具体的生产函数形态,而且模型中变量的权重由数据本身产出,测算结果不受多投入多产出数据单位以及人为因素的影响,适合于绿色全要素生产率的评价。因此,本研究在 DEA 评价方法的基础上,加入方向性距离函数(Directional Distance Function,DDF)和马尔奎斯特 – 伦伯格(Malmquist – Luenberger,ML)生产率指数对我国轻工产业按不同行业和不同区域分别进行考虑碳排放指标的绿色全要素生产率测算。

第一节 轻工产业各行业绿色全要素生产率测算

一、模型构建

以我国轻工产业 16 个细分行业为生产决策单元,假设决策单元的非零要素投入向量集为 $x = (x_1, x_2, x_3, \cdots, x_N) \in R_N^+$,期望产出(好产出)向量集为 $y = (y_1, y_2, y_3, \cdots, y_M) \in R_M^+$,非期望产出(坏产出)向量集为 $z = (z_1, z_2, z_3, \cdots, z_K) \in R_K^+$,碳排放约束下生产技术可以用以下公式表示:

$$C = \{(x, y, z) \mid x \geq X\lambda, y \geq Y\lambda, z = Z\lambda, \lambda \geq 0\} \qquad (5.1)$$

其中,λ 表示为横截面观测值的非负权重,即规模报酬不变,不等式约束条件表示要素投入与期望产出的强可处置性,而等式约束条件的增加则说明非期望产出与期望产出的弱可处置性。本研究根据钟(Chung)等(1997)[237] 做法,构建下面以产出为导向的方向性距离函数:

$$\vec{D}_0(x,y,z;-z) = \sup\{\beta : (y+\beta y, z-\beta z) \in C(x)\} \tag{5.2}$$

上式表示生产决策单元按照方向性向量增长或减少产出来调整产出组合，期望产出增加了 β_y 产出，而非期望产出则减少了 β_z 产出，利用马尔奎斯特 – 伦伯格指数从产出角度分析，可以表示为：

$$ML_t^{t+1} = \left[\frac{1 + \vec{D}_0^t(x^t, y^t, z^t; y^t, -z^t)}{1 + \vec{D}_0^t(x^{t+1}, y^{t+1}, z^{t+1}; y^{t+1}, -z^{t+1})} \times \right.$$

$$\left. \frac{1 + \vec{D}_0^{t+1}(x^t, y^t, z^t; y^t, -z^t)}{1 + \vec{D}_0^{t+1}(x^{t+1}, y^{t+1}, z^{t+1}; y^{t+1}, -z^{t+1})} \right]^{\frac{1}{2}} \tag{5.3}$$

上式可以进一步分解为技术效率变动指数（MLEC）和技术进步变动指数（MLTC），技术效率变动指数表示轻工产业行业内部的效率变动引起轻工产业产出增长，又分为纯技术效率变动和生产规模变动；技术进步变动指数表示技术进步引起的轻工产业产出增长，具体见公式(5.4)和(5.5)。

$$MLEC_t^{t+1} = \frac{1 + \vec{D}_0^t(x^t, y^t, z^t; y^t, -z^t)}{1 + \vec{D}_0^{t+1}(x^{t+1}, y^{t+1}, z^{t+1}; y^{t+1}, -z^{t+1})} \tag{5.4}$$

$$MLTC_t^{t+1} = \left[\frac{1 + \vec{D}_0^{t+1}(x^{t+1}, y^{t+1}, z^{t+1}; y^{t+1}, -z^{t+1})}{1 + \vec{D}_0^t(x^{t+1}, y^{t+1}, z^{t+1}; y^{t+1}, -z^{t+1})} \times \frac{1 + \vec{D}_0^{t+1}(x^t, y^t, z^t; y^t, -z^t)}{1 + \vec{D}_0^t(x^t, y^t, z^t; y^t, -z^t)} \right]^{\frac{1}{2}}$$

$$\tag{5.5}$$

利用马尔奎斯特 – 伦伯格指数以及方向性距离函数等方法测算和分解全要素生产率，首先需要构造生产前沿面，然后进行线性规划求解。当前构建生产前沿面的方法主要有当期 DEA（Contemporaneous DEA）、序列 DEA（Sequential DEA）、窗口 DEA（Window DEA）和全局 DEA（Global DEA）等。然而，当期 DEA、序列 DEA 和窗口 DEA 方法由于数据选取等问题会出现一系列的弊端（具体见表 5 – 1）。相比之下，全局 DEA 方法克服了以上方法的不足，所以本研究利用全局 DEA 方法构建生产前沿面，对 GML 指数进一步分解，具体见公式(5.6)。

表 5 - 1 生产前沿面不同构建方法的比较

Table 5 - 1 The comparison of different construction methods for producing frontier

构建方法	数据类型	特征
当前 DEA	同期横截面数据	a. 技术进步的不连续性,会出现技术退步假象 b. 生产效率的不可比性
序列 DEA	当期及前面所有时期投入产出数据	a. 求解时可能存在无可行性解 b. 利用几何平均形式求解不能满足可传递性要求
窗口 DEA	当期及前两年投入产出数据	
全局 DEA	所有时期投入产出数据	a. 以全局生产集作为不同时期的共同生产前沿,具有可比性 b. 无须采用几何平均形式求解,具有可传递性以及可行性解

注:笔者根据文献整理得到。

$$GML_t^{t+1} = \frac{1 + \vec{D}_0^G(x^t, y^t, z^t; y^t, -z^t)}{1 + \vec{D}_0^G(x^{t+1}, y^{t+1}, z^{t+1}; y^{t+1}, -z^{t+1})}$$

$$= \frac{1 + \vec{D}_0^t(x^t, y^t, z^t; y^t, -z^t)}{1 + \vec{D}_0^{t+1}(x^{t+1}, y^{t+1}, z^{t+1}; y^{t+1}, -z^{t+1})}$$

$$\times \frac{[1 + \vec{D}_0^G(x^t, y^t, z^t; y^t, -z^t)] / [1 + \vec{D}_0^t(x^t, y^t, z^t; y^t, -z^t)]}{[1 + \vec{D}_0^G(x^{t+1}, y^{t+1}, z^{t+1}; y^{t+1}, -z^{t+1})] / [1 + \vec{D}_0^{t+1}(x^{t+1}, y^{t+1}, z^{t+1}; y^{t+1}, -z^{t+1})]}$$

$$= GMLEC_t^{t+1} \times GMLTC_t^{t+1} \tag{5.6}$$

公式中,GML 大于 1 表示轻工产业各行业绿色全要素生产率增长,GML 小于 1 则表示轻工产业各行业绿色全要素生产率下降,GML 等于 1 表示轻工产业各行业绿色全要素生产率保持不变。GMLEC 作为全局技术效率变动指数,表示考察期间生产决策单元与生产前沿面的距离程度,如果指数大于1,说明各行业与生产前沿面更接近,技术效率改善促进绿色全要素生产率的增长,反之,说明技术效率退步。GMLTC是全局技术进步变动指数,表示考察期间行业所属生产前沿面与全局生产前沿面的距离程度,如果指数大于1,说明轻工产业各行业所属生产前沿面与全局生产前沿面更接近,技术进步或者高技术创新程度推动了绿色全要素生产率增长,反之,说明技术退步或者技术创新程度不足。

二、变量选择与数据处理

本章测算轻工产业绿色全要素生产率需要轻工产业投入产出数据,涉及轻工产业定义界定和行业分类等问题,在本研究第二章已介绍过轻工产业定义等。为了研究轻工产业绿色全要素生产率的行业差异,将轻工产业分为以农产品为原料和以非农产品为原料两类,并附上编号,如表5-2。

表5-2　轻工产业细分行业分组及编号

Table 5-2　The group and number of light industry segment

行业分组	轻工产业细分行业及编号
以农产品为原料	农副食品加工业(L1)、食品制造业(L2)、酒饮料和精制茶制造业(L3)、烟草制品业(L4)、纺织业(L5)、纺织服装服饰业(L6)、皮革毛皮羽毛及其制品和制鞋业(L7)、木材加工和木竹藤草制品业(L8)、家具制造业(L9)、造纸和纸制品业(L10)、印刷和记录媒介复制业(L11)
以非农产品为原料	文教工美体育和娱乐用品制造业(L12)、医药制造业(L13)、化学纤维制造业(L14)、橡胶和塑料制品业(L15)、其他轻工业(L16)

资料来源:国家统计局。

除了确定轻工产业细分行业,绿色全要素生产率测算还需要投入和产出变量,并做出相应的处理。轻工产业行业投入变量选择行业劳动力数量、资本存量和能源消耗量,行业产出变量分为期望产出(好产出)和非期望产出(坏产出),轻工产业行业工业总产值作为期望产出,而碳排放量代表非期望产出。相关变量具体数据主要来源于历年的《中国统计年鉴》《中国能源统计年鉴》《中国工业经济统计年鉴》和《中国轻工业年鉴》等。表 5 - 3 对轻工产业绿色全要素生产率测算所需的投入产出变量进行了简单的统计描述,具体数据处理方法如下。

表 5 - 3 轻工产业行业投入产出变量描述性统计分析
Table 5 - 3 The descriptive statistical analysis of input and output variables in light industry

变量	就业人员 (万人)	资本存量 (亿元)	能源消耗量 (万吨标煤)	工业总产值 (亿元)	碳排放量 (万吨)
最大值	652. 06	5370. 25	7365. 72	68825. 16	10069. 89
最小值	18. 61	201. 33	147. 82	1088. 29	74. 05
平均值	202. 06	1461. 96	1826. 78	13865. 84	2029. 34
标准差	151. 22	1138. 96	1740. 32	12641. 71	2326. 66
观测值数量	160. 00	160. 00	160. 00	160. 00	160. 00

资料来源:笔者计算整理得到。

(1)劳动力投入:理论上讲,劳动力投入指标不仅要包括劳动力人数,还要纳入劳动力时间、劳动力效率等因素。但由于统计资料缺乏,本节研究只采用轻工产业各行业就业人数作为劳动力投入变量基础数据,以 2007 年到 2016 年《中国工业经济统计年鉴》中各细分行业从业平均人数作为本研究劳动力投入变量的数据来源。

(2)资本存量:国内外学者对资本存量估算进行了大量的实证研究,其中许多学者采用价格平减后的固定资产净值作为固定资本存量,但是笔者认为这种方法并不合适,固定资产净值是由不同年份不同价格的现价原值根据实际发生的会计准则直接相加得到,并没有体现固定资本存量的真正价值。所以,本研究采用永续盘存法(Perpetual Inventory Method,PIM)进行估算,该方法涉及初始资本存量、投资额和折旧率等诸多基础数据,为了保证数据的准确性和科学性,本研究利用张军和章元(2003)[238]方法估算投资额以及采用陈诗一(2011)[239]的做法估算折旧率,具体方法如下。

$$资本存量_t = 投资额_t + (1 - 折旧率_t) \times 资本存量_{t-1} \qquad (5.7)$$

公式(5.7)根据永续盘存法所得,需要初始资本存量、投资额和折旧率等数据。首先,轻工产业初始资本存量由 2006 年行业固定资产净值表示。再者,轻工产业投资额实际是可比价格投资额,采用当年价格平减当年实际新增的投资额,具体公式见(5.8)和(5.9),其中原始数据来源于历年的《中国统计年鉴》《中国工业经济统计年鉴》和《中国价格统计年鉴》。

$$当年投资额_t = 固定资产原值_t - 固定资产原值_{t-1} \qquad (5.8)$$

$$投资额_t = 当年价格投资额_t / 固定资产投资价格指数_t \qquad (5.9)$$

最后,轻工产业折旧率的计算实际是依据投资额之间的关系推断出来,具体公式见(5.10)到(5.12),基础数据来源于历年的《中国工业经济统计年鉴》《中国轻工业年鉴》。

$$累计折旧_t = 固定资产原值_t - 固定资产净值_t \qquad (5.10)$$

$$本年折旧_t = 累计折旧_t - 累计折旧_{t-1} \qquad (5.11)$$

$$折旧率_t = 本年折旧_t / 固定资产原值_{t-1} \qquad (5.12)$$

(3)能源消耗量:利用轻工产业分行业能源消耗总量(万吨标准煤),基础数据来源于历年的《中国能源统计年鉴》。具体计算方法和结果见本书第三章。

(4)工业总产值:轻工产业细分行业工业总产值的基础数据来自历年的《中国工业经济统计年鉴》和《中国统计年鉴》,并进行了定基处理。

(5)碳排放量:采用自上而下的方法对轻工产业碳排放进行估算。这种方法不考虑化石燃料等能源的中间转换量,只需利用各种类型能源投入量,而无须考虑各种类型能源在不同部门的消费量,所以相较于自下而上的方法,这种方法在获取数据、核算碳排放时更加方便、易操作,也是 IPCC 推荐的碳排放核算使用的

缺省方法。根据以上核算方法,二氧化碳排放具体计算公式如下:

$$C = \sum_{i=1}^{n} E_i \times NCV_i \times CEF_i \times COF_i \times \frac{44}{12} \qquad (5.13)$$

公式中,C 表示二氧化碳排放量,E 表示不同种类的化石燃料等能源的消耗量,i 表示化石燃料能源种类,NCV 表示净发热值,也就是化石燃料能源平均低位发热值,CEF 表示碳排放因子,COF 表示碳氧化因子(化石燃料能源中只有一小部分在燃烧过程中不能被氧化,99% 以上的碳都可以被氧化,所以缺省值设置为1),44/12 表示碳和二氧化碳分子量的比值,有时也将 CEF、COF 和 44/12 的乘积叫二氧化碳排放因子。公式中具体参数见本书第三章。

三、绿色全要素生产率测算结果分析

本节采用方向性距离函数和全局 DEA 的 GML 指数分解法,基于 2007 年到 2016 年我国轻工产业 16 个细分行业的投入产出数据,得到我国轻工产业绿色全要素生产率的增长情况及其分解,并且对轻工产业不同细分行业和行业分组分别进一步研究,探究其绿色全要素生产率增长的来源。需要说明的是,全要素生产率及其分解表示了一个动态的过程,分析了相邻年份的绿色全要素生产率、技术效率和技术进步,下文图表中为了方便表达,将相邻年份的末年表示相邻时期,如 2007 年到 2008 年简写成 2008 年。

1. 轻工产业整体分析

2008 年到 2016 年我国轻工产业绿色全要素生产率指数(GML)总体上分为两个阶段,第一个阶段是 2008 年到 2013 年,指数不断上升的趋势,直到最高点 1.096;第二阶段是 2014 年到 2016 年,指数呈现出断崖式下降,降至 0.983,随后几年指数稳定在 1 左右。考察期内轻工产业绿色生产率的变化主要取决于技术进步(GMLTC),技术进步指数走势基本与全要素生产率一致,尤其是 2007 年到 2012 年期间,两条指数趋势线几乎重合在一起,如图 5-1。然而,技术效率指数线只在2012 年到 2014 年期间有个小波动,达到峰值 1.052,其余时间几乎保持不变。综上所述,2007 年到 2012 年,技术进步推动轻工产业绿色生产率增长,随后主要是技术进步和技术效率共同作用于全要素生产率,呈现出断崖式下降的特征。

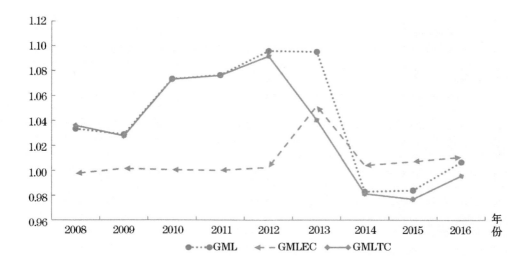

图 5 – 1 2007—2016 年我国轻工产业绿色全要素生产率逐年得分及分解

Figure 5 – 1 The score and decomposition of green total factor productivity
in China's light industry in 2007—2016

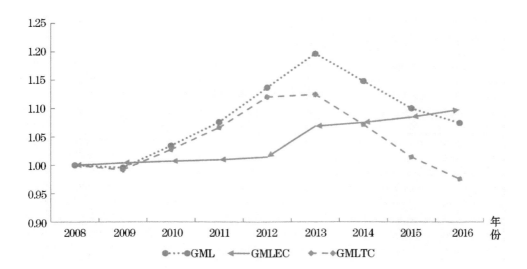

图 5 – 2 我国轻工产业累积绿色全要素生产率指数及分解的变化

Figure 5 – 2 The change of index and decomposition of accumulative green
total factor productivity in China's light industry

图 5-2 描述的是,假设 2008 年生产率及分解值的初始值为 1,轻工产业全部行业累积绿色全要素生产率指数、累积技术效率指数和累积技术进步指数的变化轨迹。不难发现,累积绿色生产率指数和累积技术进步指数除了少数年份在 1 以下,其余年份都大于 1,主要呈现出先上升达到峰值后下降的趋势,并且在下降阶段累积技术进步指数都要小于累积绿色生产率指数,可以说明累积绿色生产率持续下降的主要原因之一是轻工产业技术进步持续恶化。然而,累积技术效率指数在考察期间一直大于 1,并保持稳步上升的态势,说明轻工产业技术效率不断改善,但是在后一阶段其与累积绿色生产率走势背离,表示技术效率的改善并不能影响轻工产业绿色生产率的继续增长。

2. 轻工产业细分行业分析

基于轻工产业 16 个细分行业投入产出面板数据,将碳排放量作为非期望产出,计算出 2008 年到 2016 年轻工产业细分行业绿色全要素生产率指数(GML),以及进一步将其分解为轻工产业技术效率指数(GMLEC)和技术进步指数(GMLTC),其中表 5-4 到表 5-6 分别描述了轻工产业细分行业绿色全要素生产率指数、技术效率指数和技术进步指数的态势和平均值。

表 5-4 2007—2016 年轻工产业各行业 GML 演化态势

Table 5-4　GML evolution trend of various industries in light industry in 2007—2016

行业	2008 年	2009 年	2010 年	2011 年	2012 年	2013 年	2014 年	2015 年	2016 年	平均
L1	1.081	1.003	1.066	1.107	1.030	1.016	0.931	0.978	1.030	1.027
L2	1.061	1.010	1.170	1.029	1.033	1.184	0.997	0.951	0.979	1.046
L3	1.033	0.972	1.078	1.019	1.011	1.267	0.951	0.964	0.967	1.029
L4	1.087	1.084	1.115	1.126	1.135	1.082	1.048	0.996	0.960	1.070
L5	0.996	1.013	1.096	1.026	0.956	1.129	0.945	1.239	0.957	1.040
L6	1.059	1.068	1.062	1.054	0.966	0.987	0.970	0.959	1.031	1.017
L7	1.020	1.053	1.105	1.079	1.105	1.022	0.979	1.001	1.003	1.041
L8	0.993	1.068	0.993	1.115	1.005	1.058	0.950	0.957	1.033	1.019

续表

行业	2008 年	2009 年	2010 年	2011 年	2012 年	2013 年	2014 年	2015 年	2016 年	平均
L9	1.065	1.080	1.092	1.132	1.142	0.995	0.879	1.009	1.048	1.049
L10	1.000	1.004	1.026	1.042	1.015	1.121	0.914	0.979	1.016	1.013
L11	1.141	1.013	1.091	1.171	1.087	0.985	1.138	1.027	1.030	1.076
L12	1.027	1.051	1.131	1.051	1.739	0.966	1.082	1.010	0.988	1.116
L13	1.077	1.045	1.051	1.069	1.049	1.074	0.995	1.014	0.976	1.039
L14	0.913	1.020	0.922	1.111	0.987	1.235	0.994	1.022	1.183	1.043
L15	1.034	1.020	1.096	1.048	1.005	1.108	0.901	0.980	1.028	1.024
L16	0.947	0.957	1.079	1.044	1.273	1.297	1.054	0.660	0.881	1.021

资料来源：根据本章测算结果整理得到。

表5-5　2007—2016 年轻工产业各行业 GMLEC 演化态势

Table 5-5　GMLEC evolution trend of various industries in light industry 2007—2016

行业	2008 年	2009 年	2010 年	2011 年	2012 年	2013 年	2014 年	2015 年	2016 年	平均
L1	1.000	1.000	1.000	1.000	1.000	1.000	1.000	1.000	1.000	1.000
L2	1.045	0.992	1.066	0.977	0.969	1.113	1.001	0.976	0.999	1.015
L3	1.050	0.957	0.976	0.981	0.946	1.190	0.950	0.986	0.988	1.003
L4	1.000	1.000	1.000	1.000	1.000	1.000	1.000	1.000	1.000	1.000
L5	0.963	1.031	1.077	0.983	0.932	1.094	0.998	1.275	0.951	1.034
L6	1.023	1.025	0.972	0.995	0.850	1.003	0.947	1.004	1.057	0.986
L7	1.000	1.000	1.000	1.000	0.973	1.028	0.984	1.016	1.000	1.000
L8	0.961	1.085	0.972	1.057	0.970	1.036	0.995	0.985	1.023	1.009
L9	0.970	0.990	0.984	1.061	0.876	0.973	0.823	1.056	1.068	0.978
L10	1.000	1.000	1.000	1.000	1.000	1.000	1.000	1.000	1.000	1.000
L11	1.075	0.974	1.005	1.050	0.993	0.957	1.158	1.083	1.056	1.039
L12	0.988	0.989	1.027	0.982	1.327	1.000	1.000	1.000	1.000	1.035
L13	1.072	1.024	0.960	1.005	0.990	1.028	1.036	1.043	1.003	1.018
L14	0.931	0.973	0.865	0.984	0.954	1.109	1.045	1.000	1.152	1.001
L15	0.959	1.034	1.067	0.968	0.982	1.093	0.945	1.006	1.008	1.007
L16	0.925	0.952	1.039	0.960	1.279	1.203	1.183	0.686	0.871	1.011

资料来源：根据本章测算结果整理得到。

表 5 – 6   2007—2016 年轻工产业各行业 GMLTC 演化态势

Table 5 – 6   GMLTC evolution trend of various industries in light industry 2007—2016

行业	2008 年	2009 年	2010 年	2011 年	2012 年	2013 年	2014 年	2015 年	2016 年	平均
L1	1.081	1.003	1.066	1.107	1.030	1.016	0.931	0.978	1.030	1.027
L2	1.015	1.019	1.098	1.053	1.066	1.064	0.996	0.975	0.980	1.030
L3	0.985	1.015	1.105	1.039	1.069	1.065	1.001	0.977	0.979	1.026
L4	1.087	1.084	1.115	1.126	1.135	1.082	1.048	0.996	0.960	1.070
L5	1.035	0.982	1.018	1.044	1.026	1.032	0.947	0.971	1.006	1.007
L6	1.035	1.042	1.092	1.059	1.137	0.984	1.025	0.955	0.975	1.034
L7	1.020	1.053	1.105	1.079	1.136	0.994	0.995	0.985	1.003	1.041
L8	1.034	0.984	1.021	1.055	1.036	1.021	0.955	0.972	1.010	1.010
L9	1.098	1.091	1.109	1.066	1.303	1.023	1.068	0.955	0.981	1.077
L10	1.000	1.004	1.026	1.042	1.015	1.121	0.914	0.979	1.016	1.013
L11	1.061	1.040	1.086	1.115	1.094	1.029	0.983	0.949	0.975	1.037
L12	1.039	1.063	1.102	1.071	1.310	0.966	1.082	1.010	0.988	1.070
L13	1.005	1.020	1.095	1.064	1.059	1.044	0.961	0.973	0.973	1.022
L14	0.981	1.048	1.065	1.129	1.035	1.114	0.951	1.022	1.027	1.041
L15	1.078	0.987	1.027	1.083	1.023	1.014	0.953	0.974	1.020	1.018
L16	1.023	1.006	1.039	1.087	0.996	1.078	0.892	0.962	1.011	1.010

资料来源:根据本章测算结果整理得到。

从表 5 – 4 可以发现,轻工产业各行业绿色生产率的平均值都大于 1,说明轻工产业绿色生产率总体上呈现出不断增长的态势,其中文教体育制品业(L12)、印刷媒介复制业(L11)和烟草制品业(L4)等碳排放量较少的行业的绿色生产率增长最快,平均增长率达到 5% 以上,然而造纸业(L10)和纺织服装业(L6)等行业的绿色生产率较低,平均增长率低于 2%。另一方面,虽然细分行业的绿色生产率平均值都为正,但是纵观各行业不同年份的绿色生产率增长率大致都呈现出正、负交替,说明轻工产业各细分行业的绿色生产率增长率还不稳定,其中2008 年到 2016 年期间皮革毛皮制品业(L1)和印刷媒介复制业(L11)等行业表现突出,仅出现 1 次负增长率,而酒饮料制造业(L3)、纺织业(L5)和化学纤制品业(L14)由于行业性质以及所属高能耗行业等原因,其绿色生产率表现不佳,出现 4 次负增长率,其余的行业出现负增长率有 2 ~ 3 次。

表 5 - 5 和表 5 - 6 描述了轻工产业细分行业绿色生产率增长的驱动力,即技术效率因素和技术进步因素。从表 5 - 5、表 5 - 6 可以看出,轻工产业全部细分行业技术进步指数增长率平均值都为正,说明轻工产业各行业总体上保持了技术进步的态势,但是从时间序列角度看,绿色生产率增长率呈现出正、负交替,并不稳定。从另一个因素技术效率看,大部分行业的技术效率指数平均值大于 1,但是增长率不高,其中农副产品加工业(L1)、烟草制品业(L4)、皮革毛皮制品业(L7)和造纸业(L10)的技术效率指数等于 1,纺织服装业(L6)和家具制造业(L9)的效率指数小于 1,这表明轻工产业各行业技术效率总体上有不断改善的趋势,但是力度较小,需要进一步加强。所以,我国轻工产业大部分行业的绿色生产率增长主要是由技术进步因素推动的,技术效率因素总体上抑制了轻工产业绿色生产率的增长,这一结论对碳排放峰值约束下的我国轻工产业绿色转型有着重要的启示意义。

3. 轻工产业行业分组分析

上述研究将轻工产业 16 个细分行业混合在一起分析,很难识别各细分行业在考虑碳排放背景下绿色全要素生产率的特征和差异,所以按照轻工产业生产过程中使用的原料不同将其进一步分类,分为以农产品为原料的行业和以非农产品为原料的行业两大类,这样更有利于从生产源头出发,追溯生产过程中因使用原料不同而导致各行业绿色生产率的差异。

图 5 - 3 表示的是轻工产业不同行业分组以及全部行业绿色全要素生产率指数(GML)变化趋势和对比图,可以看出全部行业以及两大类行业绿色生产率整体上都是一个先上升后下降的过程,差异是增长和下降幅度不同。具体可以分为三个阶段。第一个阶段是 2008 年到 2011 年,三条指数趋势线缓慢增长,全样本行业和农产品为原料的行业的绿色生产率几乎重合一起,非农产品为原料的行业的绿色生产率最低。第二个阶段是 2011 年到 2014 年,以农产品为原料的行业和全部行业指数线缓慢下降,而以非农产品为原料的行业的绿色生产率先增长,超过了全部行业和以农产品为原料的行业的生产率,达到峰值后,以非农

产品为原料的行业的绿色生产率开始下降,这个阶段三者差距增大。最后一个阶段为 2014 年到 2016 年,三条指数线缓慢上升,差距呈现缩小的趋势。

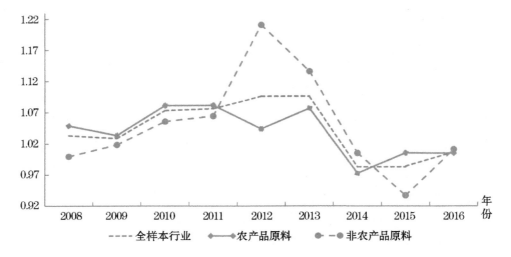

图 5 – 3　不同行业分组及全部行业 GML 指数变动态势

Figure 5 – 3　The variation trend of GML index of different industry groups and all industries

　　图 5 – 4 描述了轻工产业全部行业以及不同行业分组技术效率指数(GMLEC)变动态势和对比,无论是轻工产业两大类还是全部行业,其技术效率指数总体上呈现出围绕着 1 上下波动的趋势,都经历了一个被拉伸的"W"型变动轨迹。2011 年之前,三者之间较稳定且差距较小,随后三者差距越来越大,以非农产品为原料的轻工行业波动最大。在观测期内,轻工产业全部行业组和两大行业分组三者的技术效率缺乏稳定性,并不能直观地体现技术效率是改善还是恶化,所以需要进一步对技术效率指数的影响因素进行研究。

　　图 5 – 5 描述了轻工产业不同行业分组以及全部行业技术进步指数(GMLTC)变动态势和对比,不难发现,全部行业以及两大类行业组的指数走势线基本一致,三者之间差距较小,甚至部分年份几乎重合在一起,均呈现出一条被拉伸的"N"型变动轨迹。2008 年到 2012 年,三者的技术进步指数不断上升,轻工产业全部行业组以及两大行业分组保持了继续增长的技术进步,但是 2012 年

三者的技术进步指数达到峰值后,均不断下降,尤其到 2014 年以后,三者的技术进步指数小于 1,首次出现了技术退步的情况。

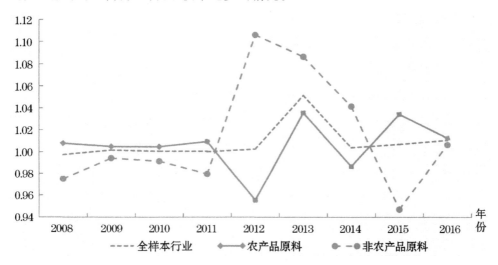

图 5 - 4 不同行业分组及全部行业 GMLEC 指数变动态势

Figure 5 - 4 The variation trend of GMLEC index of different industry groups and all industries

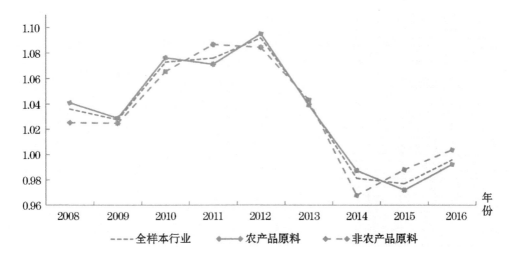

图 5 - 5 不同行业分组及全部行业 GMLTC 指数变动态势

Figure 5 - 5 The variation trend of GMLTC index of different industry groups and all industries

表 5-7 描述的是轻工产业全部行业组以及不同行业分组绿色生产率和分解值的平均指数和累积指数,2007 年到 2016 年期间,我国轻工产业绿色全要素生产率年平均增长了 4.19%,累积指数增长实现了 37.74%。从绿色全要素生产分解因素角度分析,轻工产业全部行业技术效率指数增长幅度较小,年均仅增长 0.85%,累积增幅也不高,只有 7.66% 的增长率,其中以农产品为原料的轻工行业和以非农产品为原料的轻工行业年均增长率分别为 0.58% 和 1.44%,累积指数分别达到 5.26% 和 12.94%;轻工产业全部行业技术进步指数年均实现了 3.33% 的增长率,累积指数增长率达到 29.95%,其中以农产品为原料的轻工行业和以非农产品为原料的轻工行业累积增幅分别达到了 30.38% 和 29.00%。从以上分析可以看出,技术进步因素是我国轻工产业各行业绿色全要素生产率增长的主要驱动力,以农产品为原料的轻工行业的技术效率明显低于以非农产品为原料的轻工行业,而以农产品为原料的轻工行业的技术进步指数略高于以非农产品为原料的轻工行业。

表 5-7 2007—2016 年轻工产业绿色生产率以及分解值的平均指数和累积指数

Table 5-7 The average index and accumulative index of green productivity and decomposition value of light industry in 2007—2016

行业分组	平均指数			累积指数		
	GML	GMLEC	GMLTC	GML	GMLEC	GMLTC
以农产品为原料	1.0388	1.0058	1.0338	1.3495	1.0526	1.3038
以非农产品为原料	1.0488	1.0144	1.0322	1.4388	1.1294	1.2900
全部行业	1.0419	1.0085	1.0333	1.3774	1.0766	1.2995

资料来源:笔者计算整理得到。

第二节　各省区市轻工产业绿色全要素生产率测算

　　本节继续利用方向性距离函数和全局 DEA 的 GML 指数分解法,基于 2007
年到 2016 年我国 30 个省市、自治区(西藏和港澳台除外)轻工产业投入产出面
板数据,测算我国各省区市轻工产业绿色全要素生产率的增长情况及其分解,并
且对轻工产业不同省市和不同区域块分别进一步研究,探究其绿色全要素生产
率的增长来源。需要说明的是,2010 年国务院制定并出台了《全国主体功能区规
划》(简称《规划》),《规划》中明确提出将我国国土空间按开发方式分为优化开
发区域、重点开发区域、限制开发区域和禁止开发区域,其中,优化开发区域是指
经济比较发达、人口比较密集、开发强度较高、资源环境问题更加突出,从而应该
优化进行工业化城镇化开发的城市化地区。《规划》出台后,国家又针对各类开
发区制定了更为详细的发展规划和目标。其中,《中国国民经济和社会发展第十
三个五年规划纲要》中也明确提出要推动区域协调发展,培育若干带动区域协同
发展的增长极,如京津冀、长三角经济区和珠三角经济区等,引导产业优化布局
和分工协作。因此,本研究根据《规划》将 30 个省区市分为优化开发区域和非优
化开发区域两大类(优化开发区域包括北京、天津、河北、辽宁、山东、上海、江苏、
浙江和广东,其余为非优化开发区域),分别对其轻工产业绿色生产率及其分解
进行研究,从而更精准地分析轻工产业绿色生产率的区域差异以及更有利于区
域轻工产业绿色转型政策的制定。

　　一、模型构建

　　将轻工产业生产看作一个完整的多投入多产出系统,其中包括投入变量、期
望产出(好产出)和非期望产出(坏产出),此系统中,每个省市作为一个单独的
生产决策单元,假设上述系统中每个生产决策单元的非零要素投入向量集为 p =

$(p_1,p_2,p_3,\cdots,p_N) \in R_N^+$，期望产出（好产出）向量集为 $q=(q_1,q_2,q_3,\cdots,q_M) \in R_M^+$，非期望产出（坏产出）向量集为 $r=(r_1,r_2,r_3,\cdots,r_K) \in R_K^+$，碳排放约束下的生产技术可以用以下公式表示：

$$C = \{(p,q,r) \mid p \geq P\lambda, q \geq Q\lambda, r = R\lambda, \lambda \geq 0\} \tag{5.14}$$

其中，λ 表示横截面观测值的非负权重，即规模报酬不变，不等式约束条件表示要素投入与期望产出的强可处置性，而等式约束条件的增加说明非期望产出与期望产出的弱可处置性。本研究根据钟等[237]人的做法，构建下面以产出为导向的方向性距离函数：

$$\vec{D}_0(p,q,r;q,-r) = \sup\{\beta : (q+\beta q, r-\beta r) \in C(p)\} \tag{5.15}$$

上式表示生产决策单元按照方向性向量增长或减少产出来调整产出组合，期望产出增加了 β_p 产出，而非期望产出则减少了 β_r 产出，利用马尔奎斯特－伦伯格指数从产出角度分析，可以表示为：

$$ML_t^{t+1} = \left[\frac{1+\vec{D}_0^t(p^t,q^t,r^t;q^t,-r^t)}{1+\vec{D}_0^t(p^{t+1},q^{t+1},r^{t+1};q^{t+1},-r^{t+1})} \times \right.$$
$$\left. \frac{1+\vec{D}_0^{t+1}(p^t,q^t,r^t;q^t,-r^t)}{1+\vec{D}_0^{t+1}(p^{t+1},q^{t+1},r^{t+1};q^{t+1},-r^{t+1})} \right]^{\frac{1}{2}} \tag{5.16}$$

上式可以进一步分解为技术效率变动指数（MLEC）和技术进步变动指数（MLTC），技术效率变动指数表示各省区市轻工产业行业技术效率变动引起该省市轻工产业产出的增长，又分为纯技术效率变动和生产规模变动；技术进步变动指数表示技术进步引起的各省区市轻工产业产出增长，具体见公式（5.17）和（5.18）。

$$MLEC_t^{t+1} = \frac{1+\vec{D}_0^t(p^t,q^t,r^t;q^t,-r^t)}{1+\vec{D}_0^{t+1}(p^{t+1},q^{t+1},r^{t+1};q^{t+1},-r^{t+1})} \tag{5.17}$$

$$MLTC_t^{t+1} = \left[\frac{1+\vec{D}_0^{t+1}(p^{t+1},q^{t+1},r^{t+1};q^{t+1},-r^{t+1})}{1+\vec{D}_0^t(p^{t+1},q^{t+1},r^{t+1};q^{t+1},-r^{t+1})} \times \frac{1+\vec{D}_0^{t+1}(p^t,q^t,r^t;q^t,-r^t)}{1+\vec{D}_0^t(p^t,q^t,r^t;q^t,-r^t)} \right]^{\frac{1}{2}}$$
$$\tag{5.18}$$

　　利用马尔奎斯特 – 伦伯格指数以及方向性距离函数等方法测算和分解全要素生产率,首先需要构造生产前沿面,然后进行线性规划求解。鉴于全局 DEA方法相比其他方法更科学(具体见表 5 – 1),所以本研究采用全局 DEA 方法构建生产前沿面,对 GML 指数进一步分解,具体见公式(5.19)。

$$GML_t^{t+1} = \frac{1 + \vec{D}_0^G(p^t, q^t, r^t; q^t, -r^t)}{1 + \vec{D}_0^G(p^{t+1}, q^{t+1}, r^{t+1}; q^{t+1}, -r^{t+1})}$$

$$= \frac{1 + \vec{D}_0^t(p^t, q^t, r^t; q^t, -r^t)}{1 + \vec{D}_0^{t+1}(p^{t+1}, q^{t+1}, r^{t+1}; q^{t+1}, -r^{t+1})}$$

$$\times \frac{[1 + \vec{D}_0^G(p^t, q^t, r^t; q^t, -r^t)]/[1 + \vec{D}_0^t(p^t, q^t, r^t; q^t, -r^t)]}{[1 + \vec{D}_0^G(p^{t+1}, q^{t+1}, r^{t+1}; q^{t+1}, -r^{t+1})]/[1 + \vec{D}_0^{t+1}(p^{t+1}, q^{t+1}, r^{t+1}; q^{t+1}, -r^{t+1})]}$$

$$= GMLEC_t^{t+1} \times GMLTC_t^{t+1} \qquad (5.19)$$

　　公式中,GML 大于 1 表示各省区市轻工产业绿色全要素生产率增长,GML 小于 1则表示该省市轻工产业绿色全要素生产率下降,GML 等于 1 表示该省市轻工产业绿色全要素生产率保持不变。GMLEC 作为全局技术效率变动指数,表示考察期间生产决策单元与生产前沿面的距离程度,如果指数大于 1 说明各省区市轻工产业与生产前沿面更接近,技术效率改善促进该省市绿色全要素生产率的增长,反之,说明技术效率退步。GMLTC 是全局技术进步变动指数,表示考察期间该省市轻工产业所属生产前沿面与全局生产前沿的距离程度,如果指数大于 1 说明该省市轻工产业所属生产前沿与全局生产前沿更接近,技术进步或者高技术创新程度推动了该省市绿色全要素生产率的增长,反之,说明技术退步或者技术创新程度不足。

二、变量选择与数据处理

　　本章测算各省区市轻工产业绿色全要素生产率,需要中国大陆 30 个省级行政区域轻工产业投入产出的面板数据(西藏自治区由于各变量基础数据缺失严重,故不计入本研究范畴),样本观察时间依然是 2007 年到 2016 年,但是全要素生产率及其分解表示了一个动态的过程,为了方便表达,下文图表中将相邻年份的末年表示相邻时期,如 2007 年到 2008 年简写成 2008 年。各省区市轻工产业投入变量选择各省区市轻工产业劳动力数量、资本存量和能源消耗量,产出变量分为期望产出(好产出)和非期望产出(坏产出),各省区市轻工产业工业总产值作为期望产出,而碳排放量代表非期望产出。相关变量具体数据主要来源于历年的《中国统计年鉴》《中国能源统计年鉴》《中国工业经济统计年鉴》《中国城市统计年鉴》和《中国轻工业年鉴》等。表5-8对各省区市轻工产业绿色全要素生产率测算所需的投入产出变量进行了简单的统计描述,具体数据处理方法如下。

表5-8 各省区市轻工产业投入产出变量描述性统计分析

Table 5-8 The descriptive statistical analysis of input and output variables of light industry in various provinces

区域	变量	就业人员（万人）	资本存量（亿元）	能源消耗量（万吨标煤）	工业总产值（亿元）	碳排放量（万吨）
全国	最大值	846.86	40503.17	6664.32	50237.53	7638.51
	最小值	2.32	74.42	44.26	48.32	43.42
	平均值	115.58	6641.02	974.28	8493.36	1236.87
	标准差	154.95	7114.66	1237.70	10508.04	1416.33
	观测值数量	300.00	300.00	300.00	300.00	300.00
优化开发区域	最大值	846.86	40503.17	6664.32	50237.53	7638.51
	最小值	28.74	2116.02	127.02	1505.50	172.61
	平均值	242.72	11808.12	1903.68	16615.91	2295.24
	标准差	216.98	8802.14	1878.54	14461.02	2113.32
	观测值数量	90.00	90.00	90.00	90.00	90.00
非优化开发区域	最大值	279.32	32717.39	1835.19	27255.44	2728.61
	最小值	2.32	74.42	44.26	48.32	43.42
	平均值	61.09	4426.54	566.24	5012.27	783.28
	标准差	65.99	4795.67	362.20	5322.55	528.10
	观测值数量	210.00	210.00	210.00	210.00	210.00

资料来源:笔者计算整理得到。

（1）劳动力投入：作为生产过程中必不可少的基础性投入要素，尤其是轻工产业中大部分行业属于劳动密集型行业，劳动力投入对轻工产业生产具有重要作用。劳动力投入，即各省区市轻工产业就业人数。本研究以 2007 年到 2016 年《中国工业经济统计年鉴》中各省区市轻工产业行业从业平均人数作为劳动力投入变量的数据来源。

（2）资本存量：本研究采用永续盘存法（Perpetual Inventory Method，PIM）进行估算，该方法涉及初始资本存量、投资额和折旧率等诸多基础数据，为了保证数据的准确性和科学性，本研究利用张军和章元[238]的方法估算投资额，以及采用陈诗一[239]的做法估算折旧率，具体方法见上文公式（5.7）到（5.12）。各省区市轻工产业资本存量计算所需基础数据来自历年的《中国统计年鉴》《中国工业经济统计年鉴》《中国价格统计年鉴》和《中国轻工业年鉴》等。

（3）能源消耗量：利用各省区市轻工产业能源消耗总量（万吨标准煤），基础数据来自历年的《中国能源统计年鉴》和《中国城市统计年鉴》。具体计算方法和结果见本书第三章。

（4）工业总产值：各省区市轻工产业工业总产值的基础数据来自历年的《中国工业统计年鉴》和《中国统计年鉴》，并进行了定基处理。

（5）碳排放量：采用自上而下的方法对各省区市轻工产业碳排放进行估算，这种方法不考虑化石燃料等能源的中间转换量，只需利用各种类型能源投入量而无须考虑各种类型能源在不同部门的消费量，所以相较于自下而上的方法，这种方法在获取数据、核算碳排放时更加方便、易操作，也是 IPCC 推荐的碳排放核算使用的缺省方法。根据以上核算方法，二氧化碳排放具体计算公式如下：

$$C = \sum_{i=1}^{n} E_i \times NCV_i \times CEF_i \times COF_i \times \frac{44}{12} \qquad (5.20)$$

公式中，C 表示二氧化碳排放量，E 表示不同种类的化石燃料等能源的消耗量，i 表示化石燃料能源种类，NCV 表示净发热值，也就是化石燃料能源平均低位发热值，CEF 表示碳排放因子，COF 表示碳氧化因子（化石燃料能源中只有一小部分在燃烧过程中不能被氧化，99% 以上的碳都可以被氧化，所以缺省值设置为

1),44/12 表示碳和二氧化碳分子量的比值,有时也将 CEF、COF 和 44/12 的乘积叫二氧化碳排放因子。公式中具体参数见本书第三章。

三、绿色全要素生产率测算结果分析

1. 省级层面分析

基于我国 30 个省区市(西藏和港澳台除外)的轻工产业投入产出面板数据,将碳排放量作为非期望产出,计算出 2008 年到 2016 年各省区市轻工产业绿色全要素生产率指数(GML)以及进一步将其分解为轻工产业技术效率指数(GMLEC)和技术进步指数(GMLTC),其中表 5 - 9 到表 5 - 11 分别描述了我国各省区市轻工产业绿色全要素生产率指数、技术效率指数和技术进步指数的态势和平均值。

表 5 - 9 2007—2016 年各省区市(西藏和港澳台除外)轻工产业 GML 演化态势

Table 5 - 9 GML evolution trend of light industry in various provinces

(excluding Tibet, Hong Kong, Macao and Taiwan) in 2007—2016

省市	2008 年	2009 年	2010 年	2011 年	2012 年	2013 年	2014 年	2015 年	2016 年	平均
北京	1.010	1.004	1.079	0.976	1.021	1.016	1.016	1.008	0.953	1.009
天津	1.122	1.068	1.330	1.383	1.151	0.775	1.004	1.111	1.067	1.112
河北	1.001	1.025	0.960	0.898	1.005	1.010	1.006	0.983	0.983	0.986
山西	0.902	1.003	0.724	1.017	0.961	1.152	1.074	0.967	1.000	0.978
内蒙古	1.260	1.044	1.072	1.256	0.990	1.000	0.923	0.983	0.994	1.058
辽宁	1.027	1.064	1.029	0.937	1.030	0.983	0.981	0.958	0.973	0.998
吉林	0.973	1.052	1.018	0.923	0.963	1.013	1.017	0.980	1.047	0.998
黑龙江	0.950	1.074	1.029	0.928	1.080	1.050	1.072	0.972	1.008	1.018
上海	1.113	1.134	1.255	1.277	1.106	0.832	0.967	1.041	1.104	1.092
江苏	1.319	1.002	1.038	1.031	0.992	1.063	1.136	0.922	0.961	1.052
浙江	1.083	1.050	1.128	1.144	0.962	1.042	1.008	1.104	1.047	1.063
安徽	1.079	1.181	2.368	0.599	1.021	0.914	1.006	1.069	0.902	1.127
福建	1.074	1.062	1.127	1.076	0.973	0.930	1.030	1.059	1.003	1.037
江西	1.049	1.042	1.062	1.033	1.035	1.168	1.000	1.001	0.903	1.033

续表

省市	2008 年	2009 年	2010 年	2011 年	2012 年	2013 年	2014 年	2015 年	2016 年	平均
山东	1.038	1.040	0.993	1.049	1.022	0.977	1.022	0.935	0.904	0.998
河南	1.001	0.993	0.987	0.992	0.832	1.013	1.065	1.088	1.083	1.006
湖北	1.062	1.127	1.148	1.159	1.026	0.905	1.050	1.044	1.013	1.059
湖南	0.954	1.009	0.952	1.023	1.088	0.908	1.053	1.087	1.043	1.013
广东	1.076	1.000	1.120	0.927	0.850	1.270	1.108	0.992	0.890	1.026
广西	0.985	1.039	0.875	0.964	1.006	1.057	1.031	0.960	1.026	0.994
海南	0.973	1.054	1.105	0.985	0.801	1.533	1.445	0.928	1.102	1.103
重庆	1.232	0.958	1.156	1.158	1.050	0.998	1.052	1.027	0.951	1.065
四川	1.157	1.150	1.171	1.083	1.010	1.053	1.072	1.047	0.961	1.078
贵州	1.005	1.063	0.897	0.969	1.087	0.863	1.018	1.042	0.925	0.985
云南	0.950	1.145	0.827	1.001	1.041	1.035	0.904	1.063	1.030	1.000
陕西	1.113	1.073	0.875	1.161	1.063	0.944	0.995	1.043	0.925	1.021
甘肃	0.942	1.026	0.829	0.983	1.137	1.174	1.108	0.932	0.976	1.012
青海	1.238	0.945	0.863	0.760	1.065	1.143	1.431	1.147	0.944	1.060
宁夏	0.921	1.092	0.710	0.865	1.111	1.615	1.084	1.074	1.134	1.067
新疆	0.971	1.054	0.748	1.020	1.032	1.107	1.305	0.710	0.826	0.975

资料来源:根据本章测算结果整理得到。

表 5 – 10　2007—2016 年各省区市(西藏和港澳台除外)轻工产业 GMLEC 演化态势

Table 5 – 10　GMLEC evolution trend of light industry in various provinces (excluding Tibet,Hong Kong, Macao and Taiwan) in 2007—2016

省区	2008 年	2009 年	2010 年	2011 年	2012 年	2013 年	2014 年	2015 年	2016 年	平均
北京	0.958	0.909	0.929	0.944	0.920	1.033	1.041	0.989	0.937	0.962
天津	1.036	0.976	1.024	1.000	1.000	1.000	1.000	1.000	1.000	1.004
河北	0.974	1.001	1.054	0.957	1.044	0.974	1.006	1.021	1.000	1.003
山西	1.000	1.000	1.000	1.000	0.980	1.021	1.000	1.000	1.000	1.000
内蒙古	1.000	1.000	1.000	1.000	1.000	1.000	1.000	1.000	1.000	1.000

续表

省区	2008 年	2009 年	2010 年	2011 年	2012 年	2013 年	2014 年	2015 年	2016 年	平均
辽宁	1.000	1.000	1.000	1.000	1.000	1.000	1.000	1.000	1.000	1.000
吉林	1.000	1.000	1.000	1.000	1.000	1.000	1.000	1.000	1.000	1.000
黑龙江	0.922	1.026	0.930	0.942	0.985	1.051	1.072	0.982	0.981	0.988
上海	1.000	1.000	1.000	0.974	0.967	1.062	1.000	0.984	1.016	1.000
江苏	1.197	0.907	1.068	0.943	0.914	1.142	1.158	0.893	1.074	1.033
浙江	1.000	0.997	0.924	0.848	0.919	1.154	1.012	1.055	1.006	0.991
安徽	1.018	1.055	1.000	1.000	1.000	1.000	1.000	1.000	1.000	1.008
福建	1.000	0.958	0.964	0.913	0.934	1.017	1.055	1.014	0.963	0.980
江西	1.022	0.962	0.943	1.009	1.045	1.138	1.000	1.000	1.000	1.013
山东	0.950	0.937	1.040	0.994	0.966	0.965	1.041	0.908	0.963	0.974
河南	0.939	0.933	0.993	1.045	0.810	1.067	1.097	1.029	1.019	0.992
湖北	0.999	1.005	1.048	1.043	1.003	0.958	1.037	0.999	1.021	1.013
湖南	0.929	0.937	0.859	1.048	1.019	0.948	1.059	1.072	1.070	0.993
广东	0.932	0.928	1.157	0.880	0.779	1.409	1.035	1.000	1.000	1.013
广西	0.924	0.975	0.851	1.054	1.001	1.033	1.023	0.979	1.009	0.983
海南	0.987	0.982	0.937	0.981	0.815	1.410	1.179	1.000	1.000	1.032
重庆	1.112	0.892	0.985	1.040	0.941	1.058	1.083	0.977	0.974	1.007
四川	1.051	1.016	1.026	0.928	0.967	1.104	1.055	0.999	1.007	1.017
贵州	0.947	1.026	1.069	1.015	1.009	0.838	1.025	1.029	0.928	0.987
云南	0.948	1.041	0.750	1.121	1.080	1.005	0.943	1.032	1.009	0.992
陕西	1.000	1.010	0.917	1.091	1.000	1.000	1.000	1.000	1.000	1.002
甘肃	0.941	1.002	0.985	1.007	1.091	1.123	1.054	0.958	1.037	1.022
青海	1.226	1.000	1.000	0.861	0.958	1.007	1.203	1.000	1.000	1.028
宁夏	0.923	1.008	0.776	0.953	1.090	1.429	0.896	1.130	1.000	1.023
新疆	1.000	1.000	1.000	1.000	1.000	1.000	1.000	0.859	0.810	0.963

资料来源:根据本章测算结果整理得到。

表 5 - 11　2007—2016 年各省区市(西藏和港澳台除外)轻工产业 GMLTC 演化态势

Table 5 - 11　GMLTC evolution trend of light industry in various provinces

(excluding Tibet,Hong Kong, Macao and Taiwan) in 2007—2016

省区	2008 年	2009 年	2010 年	2011 年	2012 年	2013 年	2014 年	2015 年	2016 年	平均
北京	1.054	1.105	1.162	1.035	1.109	0.983	0.976	1.019	1.018	1.051
天津	1.084	1.094	1.298	1.383	1.151	0.775	1.004	1.111	1.067	1.107
河北	1.028	1.025	0.911	0.939	0.963	1.037	1.000	0.963	0.983	0.983
山西	0.902	1.003	0.725	1.016	0.981	1.129	1.074	0.967	1.000	0.977
内蒙古	1.260	1.044	1.072	1.256	0.990	1.000	0.923	0.983	0.994	1.058
辽宁	1.027	1.064	1.029	0.937	1.030	0.983	0.981	0.958	0.973	0.998
吉林	0.973	1.052	1.018	0.923	0.963	1.013	1.017	0.980	1.047	0.998
黑龙江	1.030	1.047	1.106	0.985	1.096	0.999	1.000	0.990	1.027	1.031
上海	1.113	1.134	1.255	1.311	1.144	0.784	0.967	1.058	1.086	1.095
江苏	1.101	1.105	0.973	1.094	1.086	0.931	0.981	1.032	0.895	1.022
浙江	1.083	1.053	1.220	1.350	1.047	0.903	0.996	1.047	1.041	1.082
安徽	1.060	1.120	2.368	0.599	1.021	0.914	1.006	1.069	0.902	1.118
福建	1.074	1.108	1.169	1.178	1.042	0.915	0.977	1.045	1.042	1.061
江西	1.026	1.084	1.126	1.024	0.990	1.026	1.000	1.001	0.903	1.020
山东	1.093	1.109	0.954	1.055	1.059	1.013	0.981	1.029	0.939	1.026
河南	1.065	1.065	0.995	0.950	1.026	0.949	0.971	1.057	1.063	1.016
湖北	1.063	1.122	1.095	1.111	1.023	0.945	1.013	1.045	0.992	1.045
湖南	1.026	1.077	1.109	0.976	1.067	0.958	0.995	1.014	0.975	1.022
广东	1.155	1.078	0.968	1.054	1.091	0.902	1.071	0.992	0.890	1.022
广西	1.066	1.065	1.028	0.915	1.005	1.023	1.007	0.981	1.017	1.012
海南	0.986	1.074	1.179	1.004	0.983	1.087	1.226	0.928	1.102	1.063
重庆	1.108	1.074	1.174	1.114	1.116	0.944	0.971	1.051	0.976	1.059
四川	1.101	1.132	1.142	1.167	1.044	0.953	1.017	1.048	0.954	1.062
贵州	1.062	1.036	0.839	0.955	1.077	1.030	0.993	1.012	0.997	1.000
云南	1.002	1.100	1.103	0.893	0.964	1.030	0.959	1.030	1.021	1.011
陕西	1.112	1.062	0.954	1.065	1.063	0.944	0.995	1.043	0.925	1.018

续表

省区	2008 年	2009 年	2010 年	2011 年	2012 年	2013 年	2014 年	2015 年	2016 年	平均
甘肃	1.001	1.024	0.841	0.976	1.042	1.046	1.051	0.973	0.942	0.988
青海	1.010	0.945	0.863	0.882	1.112	1.134	1.190	1.147	0.944	1.025
宁夏	0.998	1.084	0.915	0.908	1.019	1.130	1.210	0.951	1.134	1.039
新疆	0.971	1.054	0.748	1.020	1.032	1.107	1.305	0.826	1.021	1.009

资料来源：根据本章测算结果整理得到。

从表5-9可以发现，2008年到2016年，我国绝大部分省区市的轻工产业绿色全要素生产率平均值大于1，其中天津、上海和安徽等省市的轻工产业绿色生产率平均增长率达到了10%左右，而河北、山西、辽宁、吉林、山东、广西、贵州和新疆等省市的轻工产业绿色生产率平均增长率出现了负值，不难发现，绿色全要素生产率出现负增长率的大多集中在资源较丰富的省市。纵观我国各省区市不同年份轻工产业绿色生产率的增长率，整体上呈现出正、负交替情况，天津、浙江、江西、湖北和四川等省市在观测期内只出现1次负增长率，说明这些省市的轻工产业绿色全要素生产率保持一个较稳定的增长态势，其余各省区市在观测期内出现了2~5次负增长率，说明这些省市的轻工产业绿色生产率增长缺乏稳定性。综上所述，轻工产业绿色生产率保持较高增长态势的省市，一部分集中在东部沿海地区，如天津、上海和浙江等省市，另一部分集中在轻工产业工业总值中等体量的中西部地区，如安徽、江西、江西和四川等省市。

表5-10和表5-11描述了我国各省区市区轻工产业绿色生产率增长的驱动力，分为技术效率因素和技术进步因素。从表5-10和表5-11可以看出，2007年到2016年各省区市轻工产业的技术效率和技术进步两个因素增长态势截然不同，存在较大的差异。从技术效率因素角度分析，大部分省市轻工产业技术效率表现不佳，并出现了技术效率恶化或者技术效率不变的情形，其中技术效率平均增长率出现负增长率的地区有北京、黑龙江、浙江等11个省市，平均增长

率保持不变的地区有山西、内蒙古、辽宁等 5 个省区市。我国轻工产业技术效率方面总体上保持较好增长态势的省市,一部分集中在天津、江苏、广东等沿海较发达地区,一部分集中在轻工产业发展不是很成熟的地区,如海南、甘肃、青海、宁夏等省区市。再者,从技术进步因素看,绝大部分省区市的轻工产业技术进步指数平均值大于 1,但也有部分省市的技术进步指数平均增长率出现了负增长,如河北、山西、辽宁、吉林和甘肃等,说明在观测期内各省区市轻工产业总体上呈现了技术进步的态势,但从时间序列角度看,各省区市轻工产业技术进步增长率正、负交替出现,增长趋势需要进一步稳定。结合各省区市轻工产业绿色生产率两个分解因素趋势分析,轻工产业技术进步因素对我国各省区市轻工产业绿色生产率增长起到主要作用,而技术效率因素则抑制了各省区市轻工产业绿色生产率的增长,究其原因,需要进一步对各省区市轻工产业绿色生产率、技术效率和技术进步指标的影响因素进行研究。

2. 区域层面分析

上述研究将我国 30 个省区市(西藏和港澳台除外)轻工产业的发展情况混合在一起分析,并不能突出我国轻工产业的区域性差异,所以本研究根据《全国主体功能区规划》将我国 30 个省区市分为优化开发区域和非优化开发区域两类,分别测算了轻工产业绿色生产率及其分解,进一步探究轻工产业绿色生产率的区域性特征和差异。首先分析轻工产业绿色全要素生产率的区域性特征和差异。如图 5 - 6 所示,全国和非优化开发区域轻工产业绿色生产率指数趋势线呈现出倒"N"型,变动过程为先下降然后增长达到峰值后又下降,增长态势并不稳定。优化开发区域生产率指数线不同于前者,变动过程中出现波折,但是总体上出现了下降的趋势,这有可能与优化开发区域轻工产业快速发展密切相关,发展过程中消耗了大量化石能源以及碳排放量逐渐增多,导致该区域轻工业绿色生产率出现了下降的趋势。需要关注的是,2012 年以前优化开发区域的轻工产业绿色生产率总体上大于非优化开发区域,且差距较大,2012 年后非优化开发区域的轻工产业绿色生产率快速增长,超过了优化开发区域并拉开了差距,直到 2015 年,两个区域生产率指数线趋于一致。

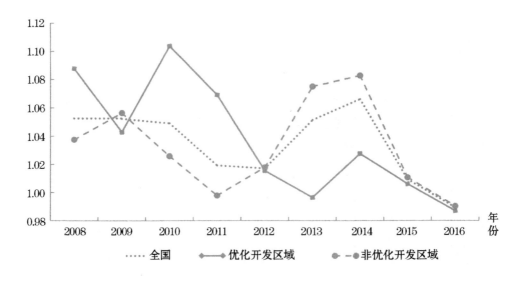

图 5 - 6 不同区域及全国轻工产业 GML 指数变动态势

Figure 5 - 6   The variation trend of GML index in different regions and national light industry

从轻工产业技术效率角度分析,见图 5 - 7 所示,全国轻工产业技术效率指数线呈现出尾部较长的倒"N"型变动,2008 年到 2012 年技术效率指数一直小于1,到 2013 年出现跳跃式增长并出现了正增长率,随后又出现下降的趋势。优化开发区域和非优化开发区域的轻工产业技术效率指数变动有所波折,表现为"M"型变动特征,2012 年以前,两个区域的轻工产业技术效率上下波动大且差距较大,这段时间的大部分年份出现了负增长率,2012 年以后,两者差距逐渐缩小,呈现出增长态势,技术效率指数也同时稳定在 1 左右。总体上看,大多数年份,优化开发区域的轻工产业技术效率低于全国各省区市的平均水平,且处于负增长率阶段,说明优化开发区域的轻工产业技术效率在观察期内大部分时间持续恶化,仅在 2010 年大幅度超越了全国平均水平和非优化开发区域,并且指数大于 1,轻工产业技术效率得到改善。非优化开发区域的轻工产业技术效率在观察期内大部分年份都高于全国各省区市的平均水平,2010 年后更为明显,两者走势几乎相同。

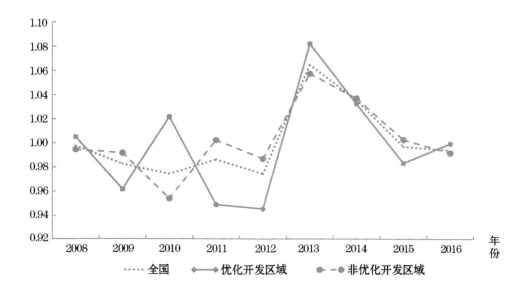

图 5 – 7　不同区域及全国轻工产业 GMLEC 指数变动态势

Figure 5 – 7　The variation trend of GMLEC index in different regions and national light industry

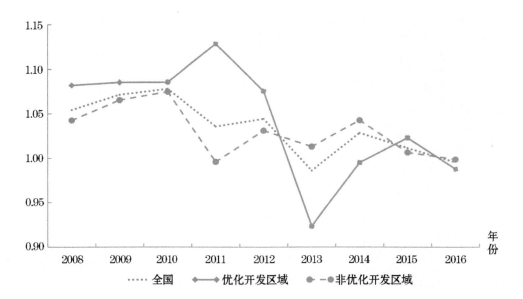

图 5 – 8　不同区域及全国轻工产业 GMLTC 指数变动态势

Figure 5 – 8　The variation trend of GMLTC index in different regions and national light industry

再者,从轻工产业技术进步因素看,如图 5 - 8 所示,全国平均水平与两大区域轻工产业技术进步指数走势与技术效率指数走势大相径庭,除了个别年份,三者的技术进步指数一直处于大于 1 的情形,整体上表明全国以及优化、非优化开发区域轻工产业处于技术进步阶段。具体说,全国和非优化开发区域的轻工产业技术进步指数大致呈现出"W"型变动特征,最低点分别出现在 2011 年和 2013 年,并且两者差距较小,有些年份几乎重合在一起;而优化开发区域的轻工业技术进步指数线表现为尾部较长的"U"型变动趋势,最低点出现在 2013 年,并且技术进步指数小于 1,出现了严重的负增长,属于技术退步阶段,这可能与 2013 年轻工产业碳排放量突然大幅度增加密不可分。需要注意的是,2013 年也是转折年份,2013 年以前,优化开发区域的轻工产业技术进步指数远远大于非优化开发区域以及全国平均水平,其中 2011 年差距最大;2013 年后,优化开发区域的轻工业技术进步指数急速下降,大幅度低于全国平均水平和非优化开发区域,直到 2015 年三者差距逐渐缩小并趋于一致。

整体而言,我国各省区市以及区域层面的轻工产业绿色全要素生产率增长主要来自技术进步因素的推动。当前各省区市轻工产业处于能源效率以及生产管理效率较低的处境,轻工产业技术效率的改善是推动我国区域轻工产业绿色生产率增长的一条不可或缺的路径,也对促进我国区域轻工产业绿色发展、低碳转型有重要意义。

本章小结

本章将轻工产业碳排放量作为非期望产出纳入全要素生产率模型中,在全局 DEA 评价方法的基础上,采用方向性距离函数和马尔奎斯特 - 伦伯格生产率指数,基于 2007 年到 2016 年我国各省区市轻工产业以及轻工产业 16 个细分行业投入产出的基础数据,分别对我国轻工产业区域层面和行业层面进行绿色全要素生产率测度和将其分解为技术进步与技术效率两个因素,得到以下结论。

2008 年到 2016 年我国轻工产业绿色全要素生产率指数总体上分为两个阶段,第一个阶段是 2008 年到 2013 年,指数呈现不断上升的趋势,第二阶段是 2014 年到 2016 年,指数呈现断崖式下降;技术进步指数走势基本与全要素生产率一致,技术效率指数只在 2012 年到 2014 年有一个小波动,其余时间几乎保持不变。从轻工产业细分行业角度分析,轻工产业各行业绿色生产率的平均值都大于 1,说明轻工产业绿色生产率总体上呈现出不断增长的态势,其中文教体育制品业(L12)、印刷媒介复制业(L11)和烟草制品业(L4)等碳排放量较少的行业的绿色生产率增长最快,而造纸业(L10)和纺织服装业(L6)等行业的绿色生产率较低。通过研究还发现,我国轻工产业大部分行业的绿色生产率增长主要是由技术进步因素推动的,技术效率因素总体上抑制了轻工产业绿色生产率的增长。

为了进一步识别各细分行业在考虑碳排放背景下的绿色全要素生产率的特征和差异,将轻工产业 16 个细分行业按照生产过程中使用原料的不同,分为以农产品为原料的行业和以非农产品为原料的行业两大类。我国轻工产业绿色全要素生产率年平均增长了 4.19%,累积指数增长实现了 37.74%;全部行业以及两大类行业组技术效率指数总体上呈现出围绕着 1 上下波动的趋势,都经历了一个被拉伸的“W”型变动轨迹;另一个指标技术进步指数走势线基本一致,三者之间差距较小,甚至部分年份几乎重合在一起,均呈现出一条被拉伸的“N”型变动轨迹。通过研究还可以得到技术进步因素是我国轻工产业各行业绿色全要素生产率增长的主要驱动力,以农产品为原料的轻工行业的技术效率明显低于以非农产品为原料的轻工行业的技术效率,而以农产品为原料的行业技术进步指数略高于以非农产品为原料的行业技术进步指数。

2008 年到 2016 年,我国绝大部分省区市的轻工产业绿色全要素生产率平均值大于 1,其中天津、上海和安徽等地的轻工产业绿色生产率平均增长率达到了 10% 左右,而河北、山西、辽宁、吉林、山东、广西、贵州和新疆等地的轻工产业绿色生产率平均增长率出现了负增长。其中,技术进步因素对我国各省区市轻工产业绿色生产率的增长起到主要作用,而技术效率因素则抑制了各省区市轻工产业绿色生产率的增长。

为了突出我国轻工产业的区域性差异,本研究根据《全国主体功能区规划》将我国 30 个省区市(西藏和港澳台除外)分为优化开发区域和非优化开发区域两类。全国和非优化开发区域轻工产业绿色生产率指数趋势呈现出倒"N"型的变动,优化开发区域生产率指数线不同于前者,变动过程中出现波折,但是总体上出现了下降的趋势。通过对我国区域轻工产业绿色生产率分解因素的研究,可以得到轻工产业绿色全要素生产率增长主要来自技术进步因素的推动的结论,技术效率的改善是推动我国区域轻工产业绿色生产率增长的一条重要路径。

第六章

考虑碳排放的轻工产业
绿色全要素生产率影响因素

上文从微观角度测算了我国轻工产业 16 个行业绿色全要素生产率和技术效率技术进步分解变量的增长情况,从宏观角度测算了我国 30 个省区市(西藏和港澳台除外)轻工产业绿色全要素生产率以及技术效率、技术进步的增长情况,并分析了技术效率与技术进步对轻工产业各行业和各省区市轻工产业绿色生产率增长的影响,从而对考虑碳排放的我国轻工产业各行业以及各省区市轻工产业绿色生产率的增长趋势、驱动力和转型目标等做了较为深刻的描述,但是并没有从宏观和微观角度出发进一步探讨我国轻工产业绿色生产率增长的内在机理,或者有哪些影响因素造成我国轻工产业各行业以及各省区市轻工产业绿色生产率增长的差异。因此,本章将在上文对轻工产业行业层面和区域层面绿色生产率测算和分析的基础上,利用计量经济学模型,分别检验我国轻工产业各行业和各省区市轻工产业绿色生产率及分解变量的影响因素,为我国轻工产业行业层面和区域层面的绿色发展、低碳转型提供路径支持。

第一节　轻工产业各行业绿色全要素生产率影响因素

本研究在借鉴第二章国内外文献关于绿色全要素生产率影响因素的研究成果的基础上,结合了我国轻工产业各行业经济、能源和碳排放等方面的发展特征,还考虑到我国轻工产业各行业数据的可获得性,最后选择了行业规模、禀赋结构、产权结构、能源结构、研发水平和外资规模等因素作为实证模型中的解释变量,并且利用上文测算出的轻工产业各行业绿色生产率、技术效率和技术进步作为被解释变量,研究时间为 2008 年到 2016 年,进一步研究我国轻工产业各行业绿色生产率及其分解变量的影响因素及程度。

一、方法与模型

本节将轻工产业各行业绿色全要素生产率设置为多元组合的形式,如下:

$$Y = Af(x) = Af(hygm, bfjg, cqjg, nyjg, yfsp, wzgm)$$

$$= A_{i0} \times hygm_{it}^{\alpha_1} \times bfjg_{it}^{\alpha_2} \times cqjg_{it}^{\alpha_3} \times nyjg_{it}^{\alpha_4} \times yfsp_{it}^{\alpha_5} \times wzgm_{it}^{\alpha_6} \qquad (6.1)$$

公式中,x 是解释变量集合,被解释变量 Y 表示的是轻工产业绿色生产率(GML),hygm、bfjg、cqjg、nyjg、yfsp 和 wzgm 分别表示行业规模、禀赋结构、产权结构、能源结构、研发水平和外资规模,i 表示轻工产业第 i 个行业,t 表示年份,A_{i0} 表示轻工产业第 i 个行业无法观测的因素,α_1、α_2、$\cdots\alpha_6$ 分别代表了各解释变量对轻工产业绿色生产率的影响参数。公式(6.1)两侧取对数得到公式(6.2),如下:

$$\ln GML_{it} = \alpha_0 + \alpha_1 \ln hygm_{it} + \alpha_2 \ln bfjg_{it} + \alpha_3 \ln cqjg_{it} + \alpha_4 \ln yfsp_{it} + \alpha_5 \ln nyjg_{it} + \alpha_6 \ln wzgm_{it} \qquad (6.2)$$

在上式基础上,构建静态面板模型(6.3):

$$\ln GML_{it} = \alpha_0 + \alpha_1 \ln hygm_{it} + \alpha_2 \ln bfjg_{it} + \alpha_3 \ln cqjg_{it} + \alpha_4 \ln yfsp_{it} + \alpha_5 \ln nyjg_{it} + \alpha_6 \ln wzgm_{it} + \varepsilon_{it} \qquad (6.3)$$

上述公式中 ε_{it} 为随机误差项。根据上述模型推导,同理可以分别得到轻工产业各行业绿色生产率分解变量技术效率(GMLEC)和技术进步(GMLTC)作为被解释变量的静态面板数据模型(6.4)和(6.5),如下:

$$\ln GMLEC_{it} = \beta_0 + \beta_1 \ln hygm_{it} + \beta_2 \ln bfjg_{it} + \beta_3 \ln cqjg_{it} + \beta_4 \ln yfsp_{it} + \beta_5 \ln nyjg_{it} +$$
$$\beta_6 \ln wzgm_{it} + \varepsilon_{it} \tag{6.4}$$

$$\ln GMLTC_{it} = \delta_0 + \delta_1 \ln hygm_{it} + \delta_2 \ln bfjg_{it} + \delta_3 \ln cqjg_{it} + \delta_4 \ln yfsp_{it} + \delta_5 \ln nyjg_{it} +$$
$$\delta_6 \ln wzgm_{it} + \varepsilon_{it} \tag{6.5}$$

然而,以上这些传统的静态面板模型并没有设定主体经济行为的惯性,即前一期的轻工产业行业绿色全要素生产率对后期绿色生产率的影响,所以为了检验轻工产业行业绿色生产率增长指数是否存在惯性,需要将滞后的轻工产业绿色生产率作为解释变量纳入模型。另外,传统的静态面板模型可能会产生变量之间的内生性,为了消除变量间的内生性造成的检验结果误差,本研究运用广义矩估计(GMM)动态面板模型对轻工产业行业层面绿色生产率及分解变量进行实证分析。

动态面板模型估计中有两种常用且重要的方法,分别为差分 GMM 估计(DIF-GMM)和系统 GMM 估计(SYS-GMM)。具体说,GMM 估计方法是在估计方程中加入工具变量,其目的是在一定程度上消除解释变量之间的内生性。然而学者们进一步研究发现,差分 GMM 估计很容易被弱工具变量影响而增大误差,在有限的样本条件下,系统 GMM 估计在水平方程工具变量中纳入了被解释变量的一阶差分滞后项,相对于差分 GMM 估计,系统 GMM 估计将产生更小的偏误性。因此,本研究将在一般静态面板模型(6.3)到(6.5)基础上,构建了轻工产业行业层面绿色生产率以及技术效率、技术进步的系统 GMM 模型,见公式(6.6)到(6.8)。

$$\ln GML_{it} = \phi_0 + \phi_1 \ln GML_{i,t-1} + \phi_2 \ln hygm_{it} + \phi_3 \ln bfjg_{it} + \phi_4 \ln cqjg_{it} + \phi_5 \ln nyjg_{it} +$$
$$\phi_6 \ln yfsp_{it} + \phi_7 \ln wzgm_{it} + \xi_i + \mu_{it} \tag{6.6}$$

$$\ln GMLEC_{it} = \varphi_0 + \varphi_1 \ln GMLEC_{i,t-1} + \varphi_2 \ln hygm_{it} + \varphi_3 \ln bfjg_{it} + \varphi_4 \ln cqjg_{it} +$$
$$\varphi_5 \ln nyjg_{it} + \varphi_6 \ln yfsp_{it} + \varphi_7 \ln wzgm_{it} + \xi_i + \mu_{it} \tag{6.7}$$

$$\ln GMLTC_{it} = \gamma_0 + \gamma_1 \ln GMLTC_{i,t-1} + \gamma_2 \ln hygm_{it} + \gamma_3 \ln bfjg_{it} + \gamma_4 \ln cqjg_{it} +$$
$$\gamma_5 \ln nyjg_{it} + \gamma_6 \ln yfsp_{it} + \gamma_7 \ln wzgm_{it} + \xi_i + \mu_{it} \quad\quad (6.8)$$

二、变量选择及数据描述

在本节实证研究过程中的被解释变量是我国轻工产业各行业绿色生产率指数(GML)以及分解变量技术效率指数(GMLEC)、技术进步指数(GMLTC),具体数值见第五章计算结果。实证模型中关注的解释变量,即绿色生产率及分解的影响因素变量,选择如下:

(1)行业规模。采用轻工产业各行业中大中型企业生产总值与各行业生产总值比值表示。大中型企业一般有较大规模的生产能力,一方面可以进行集约化生产,从而促进能源使用效率和绿色生产率的提高;另一方面,大中型企业本身具有技术和管理创新能力强的特点,也更容易引进先进的环保技术和设备等,有助于绿色创新技术的应用和推广,所以轻工产业各行业规模的大小有可能影响行业绿色生产率、技术效率和技术进步等指数。

(2)禀赋结构。采用轻工产业各行业资本存量与就业人数比值代表,又称为轻工产业各行业资本深化水平,其中资本存量使用永续盘存方法计算,上文已经做过详细介绍。如果该比值数值高,即资本深化水平高,说明该行业向资本密集型产业发展,反之,资本水平低,表示该行业向劳动密集型产业发展。然而,资本深化水平高低对轻工产业各行业绿色生产率有何影响还需要进一步验证。

(3)产权结构。采用轻工产业各行业国有企业总产值与各行业全部国有与非国有企业生产总值比值表示。从微观企业角度看,轻工产业企业产权结构不同,那么在绿色生产率、节能减排表现中也必然有所差异,如民营企业在激烈的市场竞争作用下资源配置效率和资源利用效率可能要高于国有企业等,故也将影响到轻工产业各行业的低碳转型。

(4)能源结构。采用轻工产业各行业中折合标准煤后的煤炭消费量与各行业能源消费总量比值表示。从第三章可知,我国轻工产业发展过程中所消耗的化石能源以煤炭资源为主,不仅消耗了大量不可再生资源,也向自然环境中排放了大量有害物质,如引起温室效应的碳排放,因此以煤炭消耗占比来衡量的能源结构也将影响轻工产业的绿色生产率。

（5）研发水平。选取轻工产业各行业中规模以上企业研究与试验发展的支出经费来表示。轻工产业绿色发展与低碳转型的根本驱动力是技术创新，技术创新不仅能提高轻工产业各生产要素，而且促进轻工产业生产向集约化、循环经济等绿色生产方式转型，从而提高了能源利用率，减少了生产过程中的碳排放量。然而，与我国轻工产业技术创新关系最直接、最密切的则是轻工产业研发水平，所以本研究将研发水平纳入轻工产业绿色生产率的影响因素中。

（6）外资规模。采用轻工产业各行业外商投资企业总产值与各行业工业总产值比重表示。外商投资规模对我国轻工产业发展的影响是双向的，一方面，由于外商本国的轻工产业环境规制政策严格，外商可能将一些高耗能、高污染的轻工产业行业转移到我国，造成我国轻工产业污染密集型行业的快速发展，从而形成了"污染天堂"；另一方面，外商可能带来一些先进的技术和设备，尤其是先进而高效的环保技术和设备，并通过示范效应和溢出效应对我国轻工产业能源效率和绿色生产率的提高产生推动作用。

综上关于我国轻工产业行业层面绿色生产率以及分解影响因素的分析，模型所需要的主要解释变量整理见表 6 – 1。

表 6 – 1　主要解释变量代表符号和说明

Table 6 – 1　Major explanatory variable symbol and description

变量名称	代表符号	变量说明
行业规模	hygm	轻工产业各行业大中型企业生产总值占该行业总产值比重（%）
禀赋结构	bfjg	轻工产业各行业资本存量与就业人数之比
产权结构	cqjg	轻工产业各行业国有企业总产值占该行业总产值比重（%）
能源结构	nyjg	折合标煤后的各行业煤炭消费量占行业能源消费总量比重（%）
研发水平	yfsp	轻工产业各行业规模以上企业研究与试验发展经费（亿元）
外资规模	wzgm	轻工产业各行业外商投资企业总产值占该行业总产值（%）

　　本节选取 2008 年到 2016 年我国轻工产业 16 个两位数细分行业面板数据作为研究对象,对轻工产业各行业绿色全要素生产率及其分解变量的影响因素进行检验,其中计算增长率指标时需要 2007 年数据。相关数据来源于各年份的《中国统计年鉴》《中国工业经济统计年鉴》《中国能源统计年鉴》和《中国轻工业年鉴》等,主要变量描述性统计分析见表 6 – 2。

表 6 – 2　主要变量的描述性统计分析

Table 6 – 2　The descriptive statistical analysis of the major variable

变量		最大值	最小值	平均值	标准差	观测数量
被解释变量	GML	1.7390	0.6600	1.0419	0.0997	144
	GMLEC	1.3270	0.6860	1.0085	0.0745	144
	GMLTC	1.3100	0.8920	1.0333	0.0601	144
解释变量	hygm	98.9350	21.9637	54.7030	15.7543	144
	bfjg	36.9175	1.5044	10.0741	7.1629	144
	cqjg	99.3840	0.3041	12.3175	23.1463	144
	nyjg	91.2179	5.8090	32.3942	20.0679	144
	yfsp	488.4712	6.1447	91.3997	88.8298	144
	wzgm	58.7960	0.0551	25.5086	11.2886	144

资料来源:笔者计算整理得到。

三、实证结果与分析

　　首先,本节将各变量基础数据做取对数处理,这样可以保证数据的平稳性;其次,在静态面板模型基础上,利用固定效应模型、随机效应模型和混合效应模型进行回归,从而对 GMM 模型的稳健性进行检验;最后,根据系统 GMM 方程(6.6)到(6.8),分别得到轻工产业行业层面绿色生产率以及分解的动态面板模型的估计结果,见表 6 – 3 到表 6 – 5。实证分析过程中运用了 STATA 14.1 计量软件,利用两步估计对 GMM 方程进行迭代,其估计结果在稳健性标准误(Robust)条件下得到。

总体来看,据表6-3到表6-5中的固定效应、随机效应和混合效应的回归结果分析,R^2数值普遍都较小,但是各变量的回归系数大多呈现出显著水平,而且系数正负与预期较吻合,整体上模型具有较强的稳健性。另外,分别进行了$AR(2)$检验(残差二阶序列相关性检验)、瓦尔德(Wald)检验(系数联合显著性检验)和萨尔根检验(判断选择的工具变量是否有效)。从模型结果分析,残差序列相关检验表明不存在序列相关性,系数的联合检验证明了计量模型总体上显著性较高,萨尔根检验表明模型中的工具变量有效。再者,通过静态面板模型与动态面板模型分别估计出的系数正负大致相同,进一步表明模型具有稳健性,选取变量较合理。从系统GMM模型结果看,我国轻工产业行业层面绿色生产率以及分解的滞后项都具有较大的正显著性,表明轻工产业行业层面绿色生产率在前后期具有较强的关联性,进一步说明前期积累的轻工产业绿色生产率对后期起到了示范和溢出效应,并形成一种可持续性的发展。

从轻工产业行业层面绿色生产率的影响因素估计结果分析(具体见表6-3),可以得到以下结论。

(1)行业规模。行业规模对轻工产业行业层面的绿色全要素生产率的影响并不显著,即轻工产业各行业绿色生产率的增长与轻工业企业规模的大小并没有直接关系。规模较大的轻工业企业往往会在环保技术与设备革新和研发方面投入大量的资金,但是规模较大的企业在生产过程中也往往需要消耗大量的能源并产生更多的污染物;而规模较小的轻工业企业资金实力弱,但是该类型企业在生产过程中所需能耗以及污染物的排放也相对较少。

(2)禀赋结构。回归系数为负数,表明禀赋结构因素对轻工产业行业层面的绿色生产率总体上的影响是负向的,且具有显著性。一方面,轻工产业一般以劳动密集型行业为主,资本深化水平较弱,而劳动密集型行业往往技术水平较低,这便阻碍了轻工产业绿色技术的研发与应用,进而对环境与资源带来了负面影响;另一方面,我国轻工产业的资本积累往往以直接投资为主,并推动了轻工产业的快速发展,但是此阶段的资本劳动的提高主要是由粗放的轻工业规模的扩大推动的,而粗放的扩大轻工业规模也进一步导致了环境和生态的恶化[240]。

（3）产权结构。产权结构因素对轻工产业行业层面的绿色全要素生产率的影响是正向且显著的。由于国有企业改革的进一步深入,生态环境恶化倒逼国有企业绿色转型,国有企业在绿色发展中寻求新的增长点和提高国际竞争力。国有企业不仅可以借助规模经济的优势,促进绿色生产率的提高,还可以充分发挥技术改革成本低的优势,进一步推动环保技术研发,加大投入环保治理资金,所以该因素在一定程度上促进了轻工产业行业层面绿色生产率的提高。

（4）能源结构。实证结果表明,在动态面板模型中的能源结构因素对轻工产业行业层面绿色生产率的影响是负向显著的。轻工产业各行业生产过程中所消耗的化石能源以煤炭为主,而煤炭消耗量占能源消耗总量的40%左右,生产过程中不仅消耗了大量的不可再生能源,也向生态环境中排放了大量的污染物,进而对轻工产业行业层面绿色生产率带来了负面影响。但同时,相对于重工产业的能源结构,轻工产业的煤炭消耗占比远远优于重工业,这在很大程度上降低了其对生态环境的负面影响。

（5）研发水平。回归结果显示,研发水平因素对轻工产业行业层面的绿色生产率产生了正向显著的影响。轻工产业各行业包括技术创新在内的研发水平直接制约着轻工产业绿色转型的进程,特别是制约着绿色环保技术的研发与创新。虽然轻工产业各行业现有的研发水平促进了轻工产业绿色生产率的提高,但是总体上看,绿色环保技术在轻工产业的推广和应用上的潜力依然很大,也是未来轻工产业绿色发展和低碳转型工作中的突破点。

（6）外资规模。外资规模因素对轻工产业行业层面绿色生产率的影响是正向的,但是并不显著。伴随着我国自贸区试点的快速发展,直至2014年,我国的外资规模领先于世界其他各国,外商投资结构也得到优化,具有战略性且潜力较大的轻工业吸引了大量外资的注入,这无疑对我国轻工产业行业结构的调整和绿色发展起到了正向作用。但是从轻工产业所吸引的外资质量来说,普遍处于偏低的情况,所以外资规模对轻工产业行业层面绿色生产率提高的促进作用并不显著。

表 6 – 3　轻工产业行业层面绿色生产率（GML）影响因素估计结果

Table 6 – 3　The estimated result of factors affecting the green productivity

（GML）at the industry level of light industry

	固定效应模型	随机效应模型	混合效应模型	SYS-GMM
$ln(gml)_{i,t-1}$	/	/	/	0.06465 ***
	/	/	/	(4.21)
$ln(hygm)_{it}$	– 0.21683	– 0.02066	– 0.01024	– 0.11814
	(– 0.85)	(– 0.27)	(– 0.20)	(– 0.23)
$ln(bfjg)_{it}$	– 0.00859 **	– 0.00277 *	– 0.00356 **	– 0.03692 **
	(– 1.44)	(– 1.93)	(– 1.17)	(– 1.75)
$ln(cqjg)_{it}$	0.15758 *	0.12910 ***	0.22341 **	0.34643 ***
	(0.74)	(1.75)	(1.54)	(2.28)
$ln(nyjg)_{it}$	– 0.24516 **	– 0.00884	– 0.00094	– 0.42431 **
	(– 1.06)	(– 0.21)	(– 0.18)	(– 1.12)
$ln(yfsp)it$	0.00025 **	0.00005 **	0.00007	0.00029 **
	(1.74)	(1.05)	(0.44)	(2.26)
$ln(wzgm)_{it}$	– 0.14057	– 0.09377 *	– 0.00377	– 1.29259
	(– 0.69)	(– 1.51)	(– 0.75)	(– 0.29)
C	1.20699 ***	1.04287 **	1.00029 ***	/
	(3.67)	(2.05)	(2.37)	/
R-squared	0.415	0.423	0.552	/
Sargan test	/	/	/	0.378
Wald-test-p	/	/	/	0.000
AR(2)	/	/	/	0.256

注：***、**、* 分别表示在 1%、5%、10% 显著性水平下显著，系数值下方括号内为相应的 t 值或 z 值。

　　从轻工产业行业层面技术效率和技术进步的影响因素估计结果分析（具体见表 6 – 4 和表 6 – 5），可以得到以下结论。

从轻工产业行业层面技术效率实证结果来看,产权结构因素、研发水平因素同行业技术效率显著正相关,表明轻工产业各行业中国有企业比重的提高以及研发水平的提升有利于我国轻工产业各行业技术效率的改善,显然,国有企业可以利用规模经济、研发成本低等优势提高行业技术效率,而行业研发水平的高低直接制约着行业技术效率的改善进程;禀赋结构因素与行业技术效率显著负相关,说明资本深化水平提高并不能促进技术效率改进,这可能与前期粗放式的资本积累密不可分;能源结构因素与行业技术效率同样显著负相关,表明煤炭能耗占比提高不利于行业技术效率的改善,一方面,化石能源中煤炭本身的碳排放系数较高,煤炭消耗增多会带来更多的污染;另一方面,可能与轻工产业各行业的煤炭利用率低有关;行业规模因素、外资规模因素同行业技术效率呈现负向相关,但是影响并不显著,说明扩大轻工产业各行业的企业规模以及吸引更多的外商投资并不能改善行业技术效率,需要更多关注轻工产业企业发展路径和外商投资质量。

从轻工产业行业层面技术进步角度分析,禀赋结构因素、能源结构因素同行业技术进步显著负相关,表明资本劳动比与煤炭消耗占比的提高加速了行业技术退步,一方面,需要控制轻工产业行业的煤炭消耗量,并提高能源利用率;另一方面,需要规范行业资本深化路径,优化轻工产业各行业的禀赋结构。产权结构因素与行业技术进步显著正相关,说明轻工产业各行业中国有企业比重的提高推动了行业技术进步,碳排放峰值约束与倒逼国有企业绿色转型,生产过程低碳化,进而促进轻工行业绿色技术进步。研发水平因素同行业技术进步呈现显著正相关,显然,轻工产业各行业研发经费投入的增加必然会提高该行业整体的技术水平,从而推动轻工行业技术进步。行业规模因素、外资规模因素对行业技术进步有正向影响,但是影响并不显著,说明轻工产业各行业企业规模的扩大以及吸引更多的外商投资可以加快行业技术进步的进程。

表 6-4　轻工产业行业层面技术效率（GMLEC）影响因素估计结果

Table 6-4　The estimated result of factors affecting the technical efficiency（GMLEC）

at the industry level of light industry

	固定效应模型	随机效应模型	混合效应模型	SYS-GMM
$ln(gmlec)_{i,t-1}$	/	/	/	0.04604^{***}
	/	/	/	（3.08）
$ln(hygm)_{it}$	-0.11562	-0.02266	-0.12372	-0.07660
	（-0.66）	（-0.45）	（-0.29）	（-0.25）
$ln(bfjg)_{it}$	-0.00037	-0.00088^{**}	-0.00080^{*}	-0.01424^{**}
	（-0.07）	（-1.50）	（-1.49）	（-1.18）
$ln(cqjg)_{it}$	0.08171^{**}	0.01340^{***}	0.04543	0.56209^{**}
	（2.30）	（2.40）	（0.21）	（2.70）
$ln(nyjg)_{it}$	-0.37855^{**}	-0.02960^{**}	-0.00549	-0.60009^{**}
	（-2.23）	（-1.88）	（0.79）	（-1.85）
$ln(yfsp)_{it}$	0.00017^{**}	0.00002	0.00006	0.00007^{**}
	（1.47）	（0.60）	（0.24）	（2.13）
$ln(wzgm)_{it}$	-0.09642	-0.05246	-0.00288	-0.83227
	（-0.96）	（-0.14）	（-0.55）	（-2.30）
C	0.98333^{**}	1.03011^{*}	1.57330^{**}	/
	（2.61）	（1.74）	（1.72）	/
R-squared	0.446	0.449	0.534	/
Sargan test	/	/	/	0.386
Wald-test-p	/	/	/	0.000
AR（2）	/	/	/	0.273

注：***、**、* 分别表示在 1%、5%、10% 显著性水平下显著，系数值下方括号内为相应的 t 值或 z 值。

表 6-5　轻工产业行业层面技术进步(GMLTC)影响因素估计结果

Table 6-5　The estimated result of factors affecting the technical progress (GMLEC) at the industry level of light industry

	固定效应模型	随机效应模型	混合效应模型	SYS-GMM
$ln(gmltc)_{i,t-1}$	/	/	/	0.10598***
	/	/	/	(3.11)
$ln(hygm)_{it}$	0.09181	0.00278	0.00079	0.01277
	(0.97)	(0.06)	(0.05)	(0.01)
$ln(bfjg)_{it}$	-0.00790***	-0.00187**	-0.05567**	-0.00624**
	(-3.18)	(-1.11)	(-1.39)	(-1.23)
$ln(cqjg)_{it}$	0.03678	0.11288**	0.00781**	0.15783***
	(0.18)	(2.32)	(2.38)	(4.11)
$ln(nyjg)_{it}$	-0.11677**	-0.02060*	-0.07652	-0.09046**
	(-2.11)	(-1.90)	(-0.74)	(-3.17)
$ln(yfsp)_{it}$	0.00007	0.00007**	0.00004**	0.00017**
	(0.95)	(1.55)	(1.11)	(2.18)
$ln(wzgm)_{it}$	0.00311	0.14027	0.45784	0.26563*
	(0.02)	(0.12)	(0.99)	(1.40)
C	1.20371	1.01380**	1.59833**	/
	(0.78)	(2.21)	(1.92)	/
R-squared	0.475	0.411	0.589	/
Sargan test	/	/	/	0.332
Wald-test-p	/	/	/	0.000
AR(2)	/	/	/	0.288

注:***、**、*分别表示在1%、5%、10%显著性水平下显著,系数值下方括号内为相应的 t 值或 z 值。

第二节　各省区市轻工产业绿色全要素生产率影响因素

本研究参考了第二章国内外学者们关于绿色全要素生产率影响因素的研究成果,并基于我国 30 个省区市(西藏和港澳台除外)轻工产业经济、能源和碳排放等方面的发展特征,还考虑到我国各省区市轻工产业数据的可获得性,最后选择了行业规模、禀赋结构、产权结构、能源结构、研发水平、外资规模和政府干预等因素作为实证模型中的解释变量,并且利用上文测算出的各省区市轻工产业绿色生产率、技术效率和技术进步作为被解释变量,研究时间为 2008 年到 2016 年,进一步研究我国轻工产业区域层面绿色生产率及其分解变量的影响因素及程度。

一、方法与模型

本节将各省区市轻工产业绿色全要素生产率设置为多元组合的形式,如下:

$$Y = Kf(x) = Kf(hygm, bfjg, cqjg, nyjg, yfsp, wzgm, zfgy)$$

$$K_{i0} \times hygm_{it}^{\lambda_1} \times bfjg_{it}^{\lambda_2} \times cqjg_{it}^{\lambda_3} \times nyjg_{it}^{\lambda_4} \times yfsp_{it}^{\lambda_5} \times wzgm_{it}^{\lambda_6} \times zfgy_{it}^{\lambda_7}$$

$$(6.9)$$

公式中,x 是解释变量集合,被解释变量 Y 表示的是轻工产业区域层面绿色生产率(GML),hygm、bfjg、cqjg、nyjg、yfsp、wzgm 和 zfgy 分别表示行业规模、禀赋结构、产权结构、能源结构、研发水平、外资规模和政府干预,i 表示第 i 个省市轻工产业,t 表示年份,K_{i0} 表示第 i 个省市轻工产业无法观测的因素,λ_1、λ_2、$\cdots\lambda_6$ 分别代表了各解释变量对轻工产业绿色生产率的影响参数。公式(6.9)两侧取对数得到公式(6.10),如下:

$$\ln GML_{it} = \lambda_0 + \lambda_1 \ln hygm_{it} + \lambda_2 \ln bfjg_{it} + \lambda_3 \ln cqjg_{it} + \lambda_4 \ln yfsp_{it} + \lambda_5 \ln nyjg_{it} +$$

$$\lambda_6 \ln wzgm_{it} + \lambda_7 \ln zfgy_{it} \tag{6.10}$$

在上式基础上,构建静态面板模型(6.11):

$$\ln GML_{it} = \lambda_0 + \lambda_1 \ln hygm_{it} + \lambda_2 \ln bfjg_{it} + \lambda_3 \ln cqjg_{it} + \lambda_4 \ln yfsp_{it} + \lambda_5 \ln nyjg_{it} +$$
$$\lambda_6 \ln wzgm_{it} + \lambda_7 \ln zfgy_{it} + \varepsilon_{it} \tag{6.11}$$

上述公式中 ε_{it} 为随机误差项。根据上述模型推导,同理可以分别得到各省区市轻工产业绿色生产率分解变量技术效率(GMLEC)和技术进步(GMLTC)作为被解释变量的静态面板数据模型(6.12)和(6.13),如下:

$$\ln GMLEC_{it} = \theta_0 + \theta_1 \ln hygm_{it} + \theta_2 \ln bfjg_{it} + \theta_3 \ln cqjg_{it} + \theta_4 \ln yfsp_{it} + \theta_5 \ln nyjg_{it} +$$
$$\theta_6 \ln wzgm_{it} + \theta_7 \ln zfgy_{it} + \varepsilon_{it} \tag{6.12}$$

$$\ln GMLTC_{it} = \pi_0 + \pi_1 \ln hygm_{it} + \pi_2 \ln bfjg_{it} + \pi_3 \ln cqjg_{it} + \pi_4 \ln yfsp_{it} + \pi_5 \ln nyjg_{it} +$$
$$\pi_6 \ln wzgm_{it} + \pi_7 \ln zfgy_{it} + \varepsilon_{it} \tag{6.13}$$

考虑到各省区市轻工产业绿色生产率增长指数的惯性,需要将滞后的轻工产业绿色生产率作为解释变量纳入模型。再者,为了消除传统的静态面板模型可能产生变量之间的内生性,本研究构建系统 GMM 动态面板模型,对轻工产业区域层面绿色生产率及技术效率、技术进步进行实证分析,具体见公式(6.14)到(6.16)。

$$\ln GML_{it} = \eta_0 + \eta_1 \ln GML_{i,t-1} + \eta_2 \ln hygm_{it} + \eta_3 \ln bfjg_{it} + \eta_4 \ln cqjg_{it} + \eta_5 \ln nyjg_{it} +$$
$$\eta_6 \ln yfsp_{it} + \eta_7 \ln wzgm_{it} + \eta_8 \ln zfgy_{it} + \xi_i + \mu_{it} \tag{6.14}$$

$$\ln GMLEC_{it} = \kappa_0 + \kappa_1 \ln GMLEC_{i,t-1} + \kappa_2 \ln hygm_{it} + \kappa_3 \ln bfjg_{it} + \kappa_4 \ln cqjg_{it} +$$
$$\kappa_5 \ln nyjg_{it} + \kappa_6 \ln yfsp_{it} + \kappa_7 \ln wzgm_{it} + \kappa_8 \ln zfgy_{it} + \xi_i + \mu_{it} \tag{6.15}$$

$$\ln GMLTC_{it} = \psi_0 + \psi_1 \ln GMLTC_{i,t-1} + \psi_2 \ln hygm_{it} + \psi_3 \ln bfjg_{it} + \psi_4 \ln cqjg_{it} +$$
$$\psi_5 \ln nyjg_{it} + \psi_6 \ln yfsp_{it} + \psi_7 \ln wzgm_{it} + \psi_8 \ln zfgy_{it} + \xi_i + \mu_{it} \tag{6.16}$$

二、变量选择及数据来源

在本节实证研究过程中的被解释变量是我国各省区市(西藏和港澳台除外)轻工产业绿色生产率指数(GML)以及分解变量技术效率指数(GMLEC)、技术进步指数(GMLTC),具体数值见第五章计算结果。实证模型中关注的解释变量,即绿色生产率及分解的影响因素变量,包括行业规模因素、禀赋结构因素、产权结构因素、能源结构因素、研发水平因素、外资规模因素和政府干预因素,部分影响因素已经在上一节做具体介绍,这里主要介绍政府干预因素。政府干预因素,采用各省区市预算内外支出与各省区市 GDP 比值来表示。轻工产业区域层面不同于行业层面,不仅有中央政府统筹管理,还需要每个省区市的地方政府直接管理,然而地方政府干预程度可能直接影响到各省区市轻工产业的发展,所以本节研究增加了各政府干预因素,既可以体现每个省市地方政府对轻工产业经济活动的干预程度,也间接反映了各省区市的税负情况。综上所述,模型所需要的主要解释变量整理见表 6 – 6。

表 6 – 6   主要解释变量代表符号和说明

Table 6 – 6   Major explanatory variable symbol and description

变量名称	代表符号	变量说明
行业规模	hygm	各省区市大中型轻工企业生产总值占该省市轻工业总产值比重(%)
禀赋结构	bfjg	各省区市轻工业资本存量与就业人数之比
产权结构	cqjg	各省区市国有轻工企业总产值占该省市轻工总产值比重(%)
能源结构	nyjg	折标后的轻工业煤炭消费量占该省市轻工业能源消费总量比重(%)
研发水平	yfsp	各省区市规模以上轻工企业研究与试验发展经费(亿元)
外资规模	wzgm	各省区市外商投资轻工企业总产值占该省市轻工业总产值(%)
政府干预	zfgy	各省区市预算内外支出占该省市 GDP 比重(%)

本节选取 2008 年到 2016 年我国 30 个省区市(西藏和港澳台除外)的轻工产业面板数据作为研究对象,对各省区市轻工产业绿色全要素生产率及其分解变量的影响因素进行检验(考虑到基础数据的一致性和可获得性,没有将西藏自治区纳入研究对象),其中计算增长率指标时需要 2007 年数据。相关数据来源于各年份的《中国统计年鉴》《中国工业经济统计年鉴》《中国能源统计年鉴》《中国轻工业年鉴》和《中国城市统计年鉴》等,主要变量描述性统计分析见表 6 – 7。

表 6 - 7 主要变量的描述性统计分析

Table 6 – 7 The descriptive statistical analysis of the major variable

变量		最大值	最小值	平均值	标准差	观测数量
被解释 变量	GML	2.3680	0.5990	1.0341	0.1444	270
	GMLEC	1.4290	0.7500	1.0008	0.0791	270
	GMLTC	2.3680	0.5990	1.0340	0.1251	270
解释变量	hygm	73.0361	48.0546	59.0581	4.7797	270
	bfjg	441.1282	18.8695	86.0691	59.7816	270
	cqjg	46.3647	10.2387	23.2408	8.4699	270
	nyjg	64.6791	5.9868	41.2302	13.4315	270
	yfsp	328.8132	0.5263	48.7465	62.7327	270
	wzgm	41.8526	10.4035	19.0543	6.4404	270
	zfgy	28.1957	8.4505	14.5263	4.2188	270

资料来源:笔者计算整理得到。

三、实证结果与分析

第一步,为了保证基础数据的平稳性,将各变量基础数据做取对数处理;第二步,为了检验 GMM 模型的稳健性,在静态面板模型的基础上利用固定效应模型、随机效应模型和混合效应模型进行回归;第三步,根据系统 GMM 方程(6.14)到(6.16)分别得到轻工产业区域层面绿色生产率以及分解的动态面板模型的实证结果,见表 6 - 8 到表 6 - 10。回归分析过程中运用了 STATA 14.1 计量软件,利用两步估计对 GMM 方程进行迭代,其估计结果在稳健性标准误(Robust)条件下得到。

首先从表 6 - 8 到表 6 - 10 中的固定效应、随机效应和混合效应的回归结果分析可知,R^2 数值结果都不大,但是各变量的回归系数较符合预期判定,大部分呈现出显著水平,所以总体上模型具有较强的稳健性。另外,残差序列相关检验表明不存在序列相关性,系数的联合检验证明了计量模型总体上显著性较高,萨尔根检验表明模型中的工具变量有效。然后,通过静态面板模型与动态面板模型分别估计出的系数符号大致相同,进一步表明模型具有稳健性,选取变量较合理。从系统 GMM 模型结果看,我国各省区市轻工产业绿色生产率以及分解的滞后项正向显著性较强,可以表明各省区市轻工产业绿色生产率在前后期保持着一致性,进一步说明各省区市前期积累的轻工产业绿色生产率影响了后期的发展,并起到示范作用,从而形成一种持续不间断的绿色驱动力。

从轻工产业区域层面绿色生产率影响因素回归结果分析(具体见表 6 - 8),可以得到以下结论。

(1)行业规模。行业规模因素对轻工产业区域层面绿色生产率的影响不显著,这表明各省区市轻工产业企业规模的大小与轻工业绿色生产率并无直接关系。轻工产业中的大中型企业虽然可以得到当地政府的政策扶持,但是该类企业在生产过程中消耗了大量的化石能源,并造成了更多的碳排放,其节能减排压力也较大。所以,各省区市轻工产业的大中型企业需要发挥自身优势,更大力度地节能减排,从而促进轻工产业绿色生产率的提高。

(2)禀赋结构。禀赋结构因素与轻工产业区域层面绿色生产率是显著正相关的,说明资本深化水平的提高促进了各省区市轻工产业绿色生产率的提高。虽然资本深化加剧了轻工产业从劳动密集型产业向资本密集型产业的转变,并可能会导致该省份碳排放量的突增、生态环境的恶化,但是不容忽视的是,轻工业资本深化的同时,也会推动轻工业生产设备的革新以及轻工业总体上的技术进步,这可以抵消部分轻工业技术效率的损失,从而促进各省区市轻工产业绿色生产率的提升。

(3)产权结构。实证结果显示,产权结构因素与轻工产业区域层面绿色生产率呈现显著负相关,表明各省区市轻工产业国有企业比重的提高不利于当地轻工产业绿色生产率的提高。一方面,各省区市轻工业国有企业大多处于行业垄断位置以及委托—代理问题突出,可能缺乏绿色转型以及技术创新的驱动力;另一方面,以 GDP 增长作为地方官员考核机制背景下,极有可能会形成地方政府保护主义,对国有企业环境监管不力,因此轻工业国有企业比重的提高阻碍了各省区市轻工产业绿色生产率的增长。

（4）能源结构。回归系数表明，能源结构因素对轻工产业区域层面绿色生产率的影响呈现负向显著性，即各省区市轻工产业煤炭消耗比重的提高阻碍了轻工产业绿色生产率的增长。碳排放系数较高的煤炭能源仍然是各省区市轻工产业生产所需的主要化石能源，煤炭消耗不仅减少了各省区市不可再生资源的储备，而且增加了各省区市节能减排的压力，所以轻工产业生产过程中能源结构的优化对各省区市轻工产业绿色生产率的促进作用有很大的潜力空间。

（5）研发水平。研发水平因素与各省区市轻工产业绿色生产率显著正相关，说明各省区市轻工业企业研究与试验经费的增加促进了轻工产业绿色生产率的增长。各省区市轻工产业企业科研经费的大量投入直接关系到该省市轻工产业设备革新与技术创新的发展进程，而技术创新与进步又是轻工产业绿色发展、低碳转型的驱动力，这有利于各省区市轻工业生产过程中能源利用率的提高以及减少碳排放量，从而推动了轻工产业绿色生产率的增长。

（6）外资规模。实证结果显示，外资规模因素对轻工业区域层面的绿色生产率的影响是正向的，但不显著。外商投资，既可以为各省区市轻工产业带来先进的绿色生产技术和环保设备，带来技术溢出效应，从而促进轻工产业绿色生产率的提高，也可能使各省区市成为国外发达国家的"污染天堂"，将高碳、高耗能的轻工行业转移到我国各省区市，从而阻碍了各省区市轻工产业绿色生产率的增长。因此，各省区市注重扩大外资规模的同时，也要对外商投资质量进行把关，进一步发挥外商投资的优势，促进轻工业绿色生产率的提升。

（7）政府干预。回归系数结果显示，政府干预因素与各省区市轻工业绿色生产率负相关，但并不显著。这说明各省区市的财政支出与轻工产业绿色生产率并无直接关联，其原因可能与各省区市财政支出的偏好有很大关系，今后可将绿色发展因素纳入各省区市财政支出的考核机制，通过地方政府的绿色采购等途径引导轻工产业绿色发展、低碳转型，从而促进轻工产业绿色生产率的提高。

表6－8　轻工产业区域层面绿色生产效率（GML）影响因素估计结果

Table 6－8　The estimated result of factors affecting the green productivity （GML）at the regional level of light industry

	固定效应模型	随机效应模型	混合效应模型	SYS-GMM
$ln(gml)_{i,t-1}$	/	/	/	0.11561***
	/	/	/	(3.88)
$ln(hygm)_{it}$	－0.34621	－0.05043	－0.14595	－0.15782
	（－1.38）	（－0.44）	（－0.35）	（－0.50）
$ln(bfjg)_{it}$	0.22935**	0.04619	0.02028***	0.19244**
	（1.37）	（0.81）	（2.28）	（2.36）
$ln(cqjg)_{it}$	－0.22256**	－0.01094**	－0.04203***	－0.07323**
	（－1.56）	（－2.18）	（－3.26）	（－2.44）
$ln(nyjg)_{it}$	－0.08337**	－0.00489*	－0.03079**	－0.15582**
	（－2.05）	（－1.16）	（－2.16）	（－1.53）
$ln(yfsp)_{it}$	0.05978**	0.00023***	0.00968**	0.04640*
	（1.36）	（2.02）	（2.19）	（1.41）
$ln(wzgm)_{it}$	0.14525	0.08637	0.03323	0.30562
	（0.52）	（0.99）	（0.60）	（0.48）
$ln(zfgy)_{it}$	－0.08525	－0.02427	－0.05806	－0.05624
	（－0.71）	（－0.42）	（－0.49）	（－0.40）
C	0.01158	0.80390**	0.60310**	/
	（0.01）	（1.36）	（1.33）	/
R-squared	0.657	0.624	0.578	/
Sargan test	/	/	/	0.299
Wald-test-p	/	/	/	0.000
AR(2)	/	/	/	0.357

注：***、**、*分别表示在1%、5%、10%显著性水平下显著，系数值下方括号内为相应的 t 值或 z 值。

从轻工产业区域层面技术效率和技术进步的影响因素估计结果分析（具体见表6-9和表6-10），可以得到以下结论。

从轻工产业区域层面技术效率角度来看，产权结构因素与各省区市轻工产业绿色生产率显著负相关，说明各省区市轻工产业国有企业比重的提高不利于轻工产业技术效率的改善，主要是因为轻工业国有企业在各省区市大多处于垄断行业地位，缺乏绿色技术革新以及低碳转型的驱动力，需要各地方政府调动国有企业绿色发展的积极性，从而推动轻工业绿色技术效率的提高。能源结构因素对轻工业绿色生产率产生了显著的负面影响，说明煤炭能耗比重的提高阻碍了轻工业技术效率的提升，一方面，轻工业生产过程中使用碳排放系数高的煤炭资源会加剧各省区市碳排放量增大、空气质量下降等环境污染；另一方面，各省区市的煤炭资源利用率普遍不高，所以各省区市需要调整轻工业的能源消耗结构，进而促进轻工业技术效率的改善。研发水平因素与轻工业区域层面的技术效率显著正相关，各省区市轻工业科研经费直接影响轻工业企业投入到绿色技术创新与环保设备改革的资金，因此各省区市轻工业科研经费投入的增加推动了轻工产业绿色技术效率的提升。行业规模因素、外资规模因素对各省区市轻工业技术效率有正面影响，但是在统计学意义上并不显著，各省区市需要关注轻工产业中大中型企业的绿色发展路径以及外商投资质量。另外，政府干预因素、禀赋结构因素对轻工产业区域层面技术效率的影响是负向的，但是并不显著。

从轻工产业区域层面的技术进步实证结果分析，禀赋结构因素与各省区市轻工业技术进步显著正相关，说明轻工业资本深化水平的提高推动了轻工业技术进步，虽然资本深化进程的加快可能会为生态环境带来负担，从而影响技术效率，但是资本深化水平的提高也带来了绿色技术的推广和应用，从整体上提升了轻工业绿色技术进步，抵消了其对轻工业技术效率的负面影响。能源结构因素对轻工产业区域层面技术进步产生了负面影响，表明煤炭能耗占比的提高加速了轻工产业技术的退步，各省区市不仅需要提高轻工产业能源使用效率，还应该优化能源能耗结构，提高可再生能源使用占比，从而促进各省区市轻工业技术进步。产权结构因素同各省区市轻工业技术进步显著负相关，说明各省区市轻工

业国有企业比重的提高不利于轻工业技术进步,主要原因可能与地方保护主义
有关,导致对轻工产业国有企业的环境约束要求较低,环境责任监管不力等,各
省区市应该对国有企业生产过程中的环境因素从严把关,从而促进轻工业绿色
技术进步。研发水平因素对轻工业绿色技术进步的影响产生了显著的正向作
用,表明各省区市轻工业科研经费的大量投入推动了轻工业绿色技术进步,这同
预期设想相符合。行业规模因素、政府干预因素同轻工业技术进步负相关,但是
并不显著,一方面,应该提高各省区市轻工业大中型企业的能耗效率以及碳排放
管理水平,另一方面,各省区市应通过地方政府的绿色采购等公共行为引导轻工
产业绿色技术进步的提升。最后,外资规模因素对轻工业绿色技术进步的影响
是正向的,但是在统计学意义上并不显著。

表 6 – 9　轻工产业区域层面技术效率(GMLEC)影响因素估计结果

Table 6 – 9　The estimated result of factors affecting the technical efficiency

(GMLEC) at the regional level of light industry

	固定效应模型	随机效应模型	混合效应模型	SYS-GMM
$ln(gmlec)_{i,t-1}$	/	/	/	0.02924 ***
	/	/	/	(4.48)
$ln(hygm)_{it}$	0.17517	0.15322	0.08065	0.00052
	(0.46)	(0.73)	(0.90)	(0.03)
$ln(bfjg)_{it}$	− 0.00036	− 0.00381 *	− 0.01121	− 0.00239
	(0.02)	(1.45)	(0.34)	(0.13)
$ln(cqjg)_{it}$	− 0.01115	− 0.04364 ***	− 0.02323 **	− 0.19008 **
	(− 0.18)	(− 2.67)	(− 1.88)	(− 1.79)
$ln(nyjg)_{it}$	− 0.00028 **	− 0.00534 *	− 0.01701 **	− 0.01742 ***
	(− 2.01)	(− 1.62)	(− 2.31)	(− 3.38)
$ln(yfsp)_{it}$	0.00549 ***	0.00453 **	0.00535	0.05862 **
	(2.26)	(1.13)	(0.85)	(1.93)

续表

	固定效应模型	随机效应模型	混合效应模型	SYS-GMM
$ln(wzgm)_{it}$	0.07634	0.01949**	0.01836	0.02523
	(0.05)	(1.25)	(0.06)	(0.53)
$ln(zfgy)_{it}$	-0.08548*	-0.00382	-0.03209	-0.02957
	(-1.79)	(-0.15)	(-0.12)	(-0.29)
C	0.33362	0.53559**	0.33328*	/
	(0.69)	(2.40)	(1.61)	/
R-squared	0.589	0.421	0.566	/
Sargan test	/	/	/	0.367
Wald-test-p	/	/	/	0.000
AR(2)	/	/	/	0.355

注：***、**、* 分别表示在1%、5%、10%显著性水平下显著，系数值下方括号内为相应的t值或z值。

表6-10　轻工产业区域层面技术进步（GMLTC）影响因素估计结果

Table 6-10 The estimated result of factors affecting the technical progress （GMLTC）at the regional level of light industry

	固定效应模型	随机效应模型	混合效应模型	SYS-GMM
$ln(gmltc)_{i,t-1}$	/	/	/	0.07949***
	/	/	/	(3.53)
$ln(hygm)_{it}$	-0.51672	-0.21194	0.12458*	-0.39298
	(-0.36)	(-0.71)	(-1.70)	(-0.13)
$ln(bfjg)_{it}$	0.23041*	0.04046***	0.01731**	0.28936**
	(1.41)	(3.70)	(2.34)	(2.55)
$ln(cqjg)_{it}$	-0.23503*	-0.05474	-0.03588**	-0.31429**
	(-1.93)	(-0.97)	(-2.53)	(-2.72)
$ln(nyjg)_{it}$	-0.09276*	-0.00019***	-0.02628**	-0.15039*
	(1.90)	(-3.01)	(-2.61)	(1.39)

	固定效应模型	随机效应模型	混合效应模型	SYS-GMM
$ln(yfsp)_{it}$	0.05398*	0.00586*	0.00827***	0.00550*
	(1.14)	(1.45)	(3.71)	(2.15)
$ln(wzgm)_{it}$	0.22509	0.10787	0.02836	0.36050
	(0.85)	(0.60)	(0.80)	(0.28)
$ln(zfgy)_{it}$	-0.00581	-0.02614	0.04956	-0.01754
	(-0.06)	(-0.50)	(-0.53)	(-0.13)
C	0.61998	1.29381**	0.51481**	/
	(0.48)	(2.66)	(2.51)	/
R-squared	0.598	0.453	0.441	/
Sargan test	/	/	/	0.298
Wald-test-p	/	/	/	0.000
AR(2)	/	/	/	0.364

注：***、**、*分别表示在1%、5%、10%显著性水平下显著，系数值下方括号内为相应的t值或z值。

本章小结

本章从国内外工业全要素生产率影响因素的研究成果入手，基于2008年到2016年我国轻工产业行业层面和区域层面的面板数据，分别构建了我国轻工产业行业层面和区域层面的动态面板模型，利用系统GMM方法，实证分析了考虑碳排放约束下的我国轻工产业行业层面和区域层面的绿色全要素生产率以及分解项的影响因素，主要结论与启示如下：

首先，以我国轻工产业行业层面绿色生产率以及分解项作为被解释变量，以轻工业 16 个细分行业的行业规模、禀赋结构、产权结构、能源结构、研发水平和外资规模 6 个影响因素作为解释变量进行回归分析。行业规模因素与轻工产业行业层面绿色生产率和技术效率负相关,与技术进步正相关,但是在统计学上都表现为不显著,需要关注轻工业大中型企业的绿色发展、低碳转型路径。禀赋结构因素对轻工业各行业绿色生产率提高及其分解项的影响是负向显著的,表明现阶段资本深化水平的提高对轻工业绿色技术效率的改善和技术进步的提升产生了阻碍作用,从而影响了轻工业各行业绿色生产率的提高。产权结构因素与轻工业行业层面绿色生产率及分解项呈显著正相关,说明轻工产业各行业中国有企业成分比重的提高有利于改善轻工业绿色技术效率和提升技术进步,从而推动了轻工产业绿色生产率的提高;能源结构因素对轻工业各行业绿色生产率以及分解项产生了显著的负面影响,说明煤炭能耗比重的提高加剧了轻工业各行业绿色技术效率的恶化以及技术的退步,从而阻碍了轻工产业绿色生产率的提高,需要优化轻工业能源消耗结构以及提高清洁能源的使用比重。研发水平因素对轻工产业绿色生产率及其分解项产生了显著的正向作用,与预期设想相符,轻工业科研经费的大量投入有利于轻工业绿色技术效率的改善以及技术进步的提升,从而促进了轻工业绿色生产率的提高。外资规模因素对轻工业各行业绿色生产率以及分解项的影响是不显著的,在吸引大量外商投资的同时,也要关注外商投资的质量。

再者,以我国轻工产业区域层面绿色生产率以及分解项作为被解释变量,以我国 30 个省区市(西藏和港澳台除外)轻工产业的行业规模、禀赋结构、产权结构、能源结构、研发水平、外资规模和政府干预 7 个影响因素作为解释变量进行实证分析。通过回归结果可知,行业规模因素同各省区市轻工业绿色生产率以及技术进步负相关,与技术效率正相关,但是在统计学上均不显著。禀赋结构因素对轻工产业区域层面的绿色生产率提高以及技术进步产生了显著的促进作用,但是对绿色技术效率呈显著负相关,说明各省区市轻工产业资本深化水平的提高促进了轻工业技术进步的提升,并抵消了其对绿色技术效率的阻碍作用,从而推动了轻工产业区域层面绿色生产率的提高。产权结构因素与轻工业区域层面的绿色生产率及分解项呈显著负相关,说明各省区市轻工业国有企业比重的提高不利于轻工业绿色技术效率的改善和技术进步的提升,减缓轻工业绿色生产率的提高,各地方政府应加强对国有企业生产过程中碳排放的控制,严格监管。能源结构因素对各省区市轻工业绿色技术效率、技术进步产生了负面影响,进而阻碍了轻工业区域层面绿色生产率的提高,各省区市应控制轻工产业的煤炭消耗量,逐步提高轻工产业生产过程中的清洁能源占比。研发水平因素显著促进了各省区市轻工业绿色技术效率的改善和技术进步的提升,在绿色技术效率和技术进步的共同作用下,轻工业绿色生产率也随之提高。最后,回归系数结果表示,外资规模因素、政府干预因素对轻工产业绿色生产率的提高以及分解项的影响都不显著。

第七章

碳排放约束下我国轻工产业绿色发展路径研究

前文分别从我国轻工产业行业层面和区域层面核算了绿色全要素生产率以及分解项绿色技术效率和技术进步的提高情况,并实证分析了轻工业各细分行业和各省区市轻工产业绿色全要素生产率及其分解项的影响因素。根据上文主要结论,本章将分别从行业角度和区域角度分析考虑碳排放约束下的我国轻工产业绿色转型的路径以及政策建议。

第一节　轻工产业行业层面绿色发展路径研究

以轻工业行业层面绿色全要素生产率以及分解项绿色技术效率和技术进步作为解释变量,选取 6 个影响因素作为被解释变量进行实证分析,与轻工产业各行业绿色生产率显著正相关的影响因素有产权结构因素和研发水平因素,相反,呈现显著负相关的影响因素有禀赋结构因素和能源结构因素,而行业规模、外资规模因素对其影响不显著。从上述研究结论出发,进一步探讨我国轻工产业行业层面的绿色发展路径以及政策建议。

一、从轻工业绿色发展的驱动力出发,激发其绿色生产的积极性

由上文研究可知,轻工产业国有企业占比的提高以及科研经费的增加有利于轻工业行业层面绿色生产率的提高,显然,行业绿色生产率的提高与轻工业的技术研发、行业体制有很大关系。这与学者史丹[241]的观点不谋而合,她认为现阶段工业绿色发展的推动力在于提高技术创新,加强体制改革以及扩大市场需求。上述观点同样适用于我国轻工产业的绿色转型。首先,技术创新是轻工产业绿色转型的关键驱动力。要在新工业革命发展的大环境下对已有的生产设备进行绿色革新,以及应用并推广低碳生产技术,加快轻工产业领域的绿色制造进程。其次,行业体制改革是轻工产业绿色发展的有力保障。从市场角度需要完善低碳生产技术标准以及设置市场进入的环境门槛等。从政府角度需要完善财政政策,引导轻工业企业进行绿色生产的投入,并且大力支持绿色金融的发展,对轻工业企业的绿色技术研发以及设备革新给予贷款支持。最后,扩大轻工业绿色产品的市场需求是激励轻工业企业绿色发展的重要手段。低碳、绿色的轻工产品市场需求不断扩大,倒逼轻工业企业进行绿色生产,加大绿色技术和设备的投入,从而提高其在市场的占有率以及在同类产品中的竞争力。

二、从轻工业能源结构优化出发,加快轻工业能源消耗的转型

从实证分析结果可知,以煤炭能源比重为代表的能源结构因素阻碍了我国轻工产业绿色生产率的提高,所以轻工业各行业能源结构的优化以及能源转型可以进一步促进我国轻工产业的绿色转型。轻工业各行业生产过程中消耗的化石能源,以煤炭资源为主,主要归结为我国是煤炭产量最大的国家以及长期以来我国能源消耗对煤炭的依赖,尽管近年来我国清洁能源迅速发展,但是仍然无法满足轻工业绿色生产的要求。再者,轻工产业能源结构优化、能源消耗转型是一项系统而复杂的工程,不能简单禁止对化石能源的使用,而是在保证能源安全的条件下,加快清洁能源、可再生能源的发展进程,逐步替代煤炭、石油等化石能源的使用,实现轻工业能源结构从高碳化转向低碳化。那么,促进清洁能源、可再生能源的发展需要从宏观和微观两个方面共同努力。宏观方面需要完善能源价格体系,并借助能源税等财政政策,促进清洁能源、可再生能源市场竞争力的提高,另外借助市场手段加快发电碳排放权交易市场的建立以及绿色证书认证过程的完善,推动绿色电力持续而健康的发展。微观上要加快可再生能源利用技术的创新,一方面提高清洁能源利用效率,一方面开发新能源的储能技术以及与其相匹配的能源使用方式,增加新能源使用过程中的稳定性和可靠性。

三、从轻工产业行业标准出发,促进轻工业绿色生产

上文研究结果表明,以轻工产业大中型企业比重表示的行业规模因素对轻工业各行业绿色生产率的影响并不显著,这与轻工业大中型企业绿色发展表现不佳有直接关系,因此加快轻工业大中型企业的绿色发展将促进轻工业绿色生产率的提高。然而,行业标准作为引导轻工产业发展的指示灯,也保证了轻工行业环境管制的顺利实施,从而促进了轻工行业竞争力的提升。一方面,需要从包括碳排放量在内的环境标准出发,逐步提高轻工产业各行业的环境标准,推动轻工业大中型企业对生产工艺的改进以及对生产流程的优化,应用和推广环保低碳技术并且逐步淘汰落后且污染严重的设备,从而降低碳排放在内的污染物排放;另一方面,加快轻工产业各行业绿色工厂认证制度的实施进程,2018 年由工业和信息化部与工业领域中重点行业协会联合发布的我国首部绿色工厂相关标准《绿色工厂评价通则》(GB/T 36132–2018),引导轻工业大中型企业积极响应绿色工厂的评价与认证,不仅促进了轻工产业各行业的绿色转型,实现绿色生产,也有助于轻工业大中型企业获得新的利润增长点以及提升自身的绿色竞争力。

四、从轻工产业绿色发展政策出发,完善轻工业环境规制体系

轻工产业各行业的绿色发展、低碳转型始终离不开政策措施的支持和引导,所以制定轻工业各行业绿色发展政策以及进一步完善轻工业环境规制体系尤为重要。首先,轻工产业绿色发展政策措施不能以一概全,需要细化到具体行业以及每个生产过程,从宏观层面的轻工产业绿色供应链、绿色工业园区等到微观层面的轻工业绿色工厂、绿色产品等每个流程,制定绿色生产规范和发布包括碳排放量在内的相关环境标准,对轻工业生产全过程实施绿色生产标准认证。再者,轻工产业环境规制标准不应是静态的、统一的,需要根据轻工产业每个细分行业的特点及发展趋势制定合理的环境规制标准,同时每个行业的环境规制标准也不能被随意地提高而要被设计为连续的、滚动的,从而可持续地促进轻工产业的绿色发展。最后,从环境规制工具角度分析,不应将其设计为"命令型""控制型"等强硬性质的规制工具,而是"引导型""激励型"等温和性质的多样化手段,从而更好地引导轻工业企业主动实施绿色生产、绿色技术创新研发等绿色转型措施。

五、从轻工业行业研发投入出发,加强轻工业绿色技术创新

上一章实证结果说明,轻工产业科研经费的增加促进了轻工业绿色生产率的提高,同时以轻工业外商投资比重表示的外资规模因素对轻工业绿色生产率的影响并不显著,这与外商投资质量不高直接相关,而且外商投资并没有用于轻工业技术的研发,所以关注外商投资质量的提升将正面影响轻工业绿色生产率的提高。一方面,需要增加轻工业研发投入的途径,使轻工产业技术研发投入的资金来源多样化,鼓励和支持政府和社会资本进入轻工业绿色技术研发领域,增强我国轻工产业自主研发的实力;另一方面,在承接国外轻工业生产或开发项目之前,要谨慎挑选环境友好型、具有先进技术和丰富管理经验的外资合作伙伴,同时与外资企业合作时需要借鉴并吸收国外合作伙伴在行业绿色转型过程中的先进能源管理经验、绿色研发成果和生产过程中的环境标准等,从而提高我国的轻工产业能源管理水平和绿色研发水平。

六、从轻工业行业结构调整出发,促进轻工产业绿色转型

由第四章研究成果可知,轻工业合理的产业结构将对轻工产业碳排放量起到抑制作用,所以轻工产业绿色转型的一条重要路径便是优化轻工产业的行业结构。关于轻工产业行业结构的调整与优化,笔者同意学者张明志和余东华[242]的观点,调整与优化轻工产业的行业结构并不是简单的"去工业化",而应该是"强工业化"。一方面,引导轻工产业企业自主创新实力的提升,通过技术创新方式促进绿色生产率的提高以及降低污染物的排放量,并将信息化、智能化应用于轻工产业各行业的生产过程中,从而促进轻工产业附加值的提高;另一方面,轻工产业的绿色转型不能只停留在发展轻工产业的环保技术设备、生产制造等生产环节的初级阶段,应大力发展轻工产业行业能源管理、碳排放治理和咨询服务等生产性服务业,从而加快轻工产业的绿色转型进程。

第二节　轻工产业区域层面绿色发展路径研究

上一章以轻工业区域层面绿色全要素生产率以及分解项绿色技术效率和技术进步作为解释变量,选取 7 个影响因素作为被解释变量进行实证分析,与轻工产业各省区市绿色生产率显著正相关的影响因素有禀赋结构因素和研发水平因素,相反,呈现显著负相关的影响因素有产权结构因素和能源结构因素,而行业规模因素、外资规模因素、政府干预因素对其影响不显著。从上述研究结论出发进一步探讨我国轻工产业区域层面的绿色发展路径以及政策措施。

一、将绿色发展指标纳入地方政府考核体系,推动各省区市轻工业绿色转型

由上文实证分析可知,以各省区市轻工业国有企业比重表示的产权结构因素对各省区市绿色生产率的提高产生了阻碍作用,这与地方政府对国有企业的保护主义有直接关系,为了政绩考核只以经济增长目标引导国有企业发展,却忽视了国有企业发展的长期目标以及经济增长背后的环境污染问题。所以从源头出发,逐步将绿色发展、绿色经济增长等指标纳入地方政府考核体系,不仅需要将包括轻工业在内的工业节能减排指标量化,而且碳排放减排量等相关环境指标在各省区市政府考核中应占据重要比重。在地方政府对工业绿色发展的推动下,轻工业国有企业将会更加关注生产过程中的绿色发展、低碳转型,应用并积极推广绿色轻工业、低碳轻工业和生态轻工业等生产模式。

二、做好轻工产业的区域布局,推动轻工业循环经济发展

以各省区市轻工业大中型企业比重表示的行业规模因素对轻工业绿色生产率的影响并不显著,这可能与各省区市轻工业大中型企业的布局以及对生产资源的利用率密切相关。轻工业生产过程中,实现生产资源的循环利用,不仅可以提高资源的利用率,也可以减少生产过程中二氧化碳等污染物的排放,这是轻工业大中型企业绿色发展、低碳转型的重要路径。同样,各省区市轻工业的区域布局也可以借鉴循环经济的思想。宏观上根据本区域的碳排放承载力等环境承载力指标做好轻工业上下游产业的布局,形成轻工产业区域大循环,同时根据各省区市绿色发展整体规划,建立轻工产业循环工业园;微观上在工业园区内也要形成轻工产业大中型企业上下游循环,推动轻工业在宏、微观层面的循环经济发展,从而加快各省区市轻工业绿色发展、低碳转型的进程。

三、加强地方政府对轻工产业绿色发展的有效干预

上文实证结果表示,以各省区市地方政府预算支出比重表示的政府干预因素对轻工产业绿色生产率的提高并不产生影响,这可能与地方政府的预算支出偏好有直接关系。一方面,以绿色轻工业产品为导向的政府采购可以有效地刺激该省市轻工产业进行绿色产品的生产,从而促进轻工产业企业的绿色转型;另一方面,提高以改善环境与绿色技术创新为导向的地方政府公共支出,加大对轻工产业企业绿色技术革新以及引进环保设备等方面的政府资金支持,有利于各省区市轻工业企业的绿色发展、低碳转型。

四、发挥轻工业绿色发展的区域优势,促进各省区市轻工业绿色转型共同发展

一方面,由于轻工业生产资源的区域分配不均以及轻工业发展基础的区域不同,优化开发区域的轻工产业的发展速度普遍快于非优化开发区域,那么优化开发区域的各省区市应发挥本区域轻工业发展的比较优势,对轻工业绿色技术创新继续加大投入,将本区域的绿色轻工业"品牌化",从而提高本区域轻工产业的国际知名度和绿色竞争力;另一方面,优化开发区域的轻工产业绿色发展的先进经验以及低碳转型模式,可以为非优化开发区域的轻工业绿色转型起到示范和引导作用,同时优化开发区域的轻工业最新研发的绿色、低碳技术对非优化开发区域形成溢出效应,带动非优化开发区域轻工产业的技术进步,从而促进非优化开发区域轻工业绿色生产率的提高。

五、完善碳排放区域性政策体系,为轻工产业绿色发展营造有利环境

第一,落实各级政府在碳排放权交易体系的责任,全国启动碳排放权交易体系背景下,需要建立各省区市人民政府对碳排放控制目标的考核机制,根据控制目标加强和监督各地方控制碳排放的责任。第二,各省区市根据实际情况,提高轻工产业企业的碳减排补贴,制定轻工产业细分行业碳排放补贴标准,引导和激励轻工产业进行绿色生产、节能减排以及应用低碳技术等,从而促进各省区市轻工产业绿色发展。第三,加强对轻工产业企业碳减排的监督以及完善轻工产业企业节能减排的奖罚体系,建立轻工产业企业绿色生产、节能减排的监督和评价机制。根据评价结果,对节能减排表现突出的轻工产业企业给予奖励,对碳减排表现不法的轻工产业企业实施严厉的处罚,倒逼轻工业绿色发展、低碳转型。

本章小结

　　本章根据上文对轻工产业行业层面和区域层面绿色全要素生产率影响因素的实证分析结果,分别提出轻工产业行业层面和区域层面绿色发展路径及政策措施,结论如下:

　　促进轻工产业各行业绿色发展、低碳转型的路径措施具体有:宏观上,从轻工产业绿色发展政策出发,完善轻工业环境规制体系,从轻工业行业结构调整出发,促进轻工产业绿色转型,以及从轻工产业行业标准出发,促进轻工业绿色生产。微观角度,分别从轻工产业绿色发展的驱动力出发,激发其绿色生产的积极性,从轻工业能源结构优化出发,加快轻工业能源消耗的转型,以及从轻工业行业研发投入出发,加强轻工业绿色技术创新等。

　　推动各省区市轻工产业绿色转型的路径和政策措施,从地方政府角度来看,将绿色发展指标纳入地方政府考核体系中,加快各省区市轻工业绿色转型以及加强地方政府对轻工产业绿色发展的有效干预。从区域布局和优势角度来看,要做好轻工产业的区域布局,推动轻工业循环经济发展以及发挥轻工业绿色发展的区域优势,促进各省区市轻工业绿色转型的共同发展。最后,完善碳排放区域性政策体系,为轻工产业绿色发展营造有利的环境。

第八章

结论与展望

第一节 主要结论

本课题在分析我国轻工产业碳排放发展趋势以及因素分解基础上,将轻工产业碳排放量作为非期望产出纳入全要素生产率模型,利用数据包络分析法以及方向性距离函数,测算了 2007 年到 2016 年我国轻工产业 16 个细分行业绿色全要素生产率的提高情况以及我国 30 个省区市(西藏和港澳台除外)轻工产业绿色全要素生产率的变化情况,分析了轻工产业绿色生产率在行业以及省际的差异,并通过对轻工业绿色生产率的分解,发现了轻工业绿色生产率增长的驱动力;利用系统 GMM 等计量方法,从轻工业细分行业角度和区域角度,对我国轻工产业绿色生产率提高以及分解项绿色技术效率、技术进步的影响因素做了实证检验。根据实证检验结果,分析了我国轻工产业从行业层面和区域层面的绿色发展路径以及政策措施,主要得到以下结论。这些结论将对推动我国轻工产业绿色发展、低碳转型具有一定的指导意义。

第一,在回顾了 2007 年到 2016 年轻工产业经济增长和能源消耗的基础上,运用 IPCC 推荐的方法对轻工产业碳排放量进行核算,着重考察了轻工产业碳排放的走势及特征,以及利用塔皮奥模型测算了我国轻工产业在 2008 年到 2016 年间工业总值与能源消耗、碳排放的脱钩状态,可以得到以下结论:(1)2007 年到 2016 年,我国轻工产业工业总值年增速约为 15%,产业结构以农副食品加工业、纺织业和橡胶塑料制品业为主,轻工产业地区分布不均,主要集中在广东、山东、江苏、浙江和福建等沿海东部地区。(2)2007 年到 2016 年,我国轻工产业的能源消耗量呈现不断上升的趋势,其能源消耗速度大致呈现倒"N"形状以及能源强度总体上呈现下降的趋势,轻工产业能源消耗主要集中在以农产品为原料的轻工业,而从地区分布上分析轻工产业的能源消耗,仅有山东、广东和江苏等少数省市分布相对均匀。从能源消费结构角度看,轻工产业的能源消耗主要来源于热力电力类和煤炭类等能源。(3)2007年到2016年,我国轻工产业碳排放量虽然达到了最高点,但是产业的碳排放峰值并不明显,碳排放变化率呈现出两侧较长的倒"U"型。从细分行业看,行业的碳排放量主要集中在造纸和纸制品业、纺织业和农副食品加工业等。从区域分布上分析,轻工产业的碳排放量主要集中在山东、广东和江苏等沿海地区。(4)我国轻工产业的工业总值与能源消耗、碳排放之间的脱钩状态,以弱脱钩状态为主,与低碳绿色的强脱钩状态还有一定的差距。从细分行业来看,除了化学纤维制造业由于行业性质以非脱钩状态为主,其他行业的脱钩次数均在70%以上,而非脱钩状态以扩张负脱钩和增长连接状态为主。

第二,在卡亚恒等式基础上,利用LMDI模型,将我国轻工产业碳排放影响因素分解为就业规模效应、人均产值效应、产业结构效应、能源强度效应和能源结构效应等,并分析了其逐年效应和累积效应,可知:(1)从各影响因素逐年效应角度来看,轻工产业逐年总效应呈现出正、负效应交替出现的特征,其中,就业规模因素、人均产值因素和能源强度因素对轻工产业碳排放增长起到了促进作用,而产业结构因素和能源结构因素抑制了轻工产业碳排放的增长。从贡献度来说,能源强度和人均产值因素是轻工产业碳排放增长的主要驱动力,就业规模效应正向作用较小,能源结构因素是轻工产业碳排放减排作用的主要贡献者,其次是产业结构因素。从各行业碳排放逐年效应分析,造纸业、食品制造业等行业成为轻工产业碳排放增长的主要驱动力,而饮料制品业是轻工产业碳排放减排作用的中坚力量。(2)从各影响因素累积效应分析,截至2016年,人均产值因素和能源强度因素是我国轻工产业碳排放增长的最主要因素,能源结构效应是抑制我国轻工产业碳排放增长的主要贡献者,而产业结构效应是轻工产业碳排放减排的第二大因素。从轻工产业细分行业的碳排放累积效应上看,农副食品加工业、纺织业和造纸业等行业在5个影响因素方面表现突出,正、负向作用都比较明显,贡献率较大。

第三,以2007年到2016年我国各省区市轻工产业以及轻工产业16个细分行业投入产出为基础数据,分别对我国轻工产业区域层面和行业层面进行绿色全要素生产率测度和将其分解为技术进步与技术效率两个因素,可知:(1)我国轻工产业绿色全要素生产率指数总体上先不断上升,然后呈现出断崖式下降,技术进步指数走势基本与全要素生产率指数走势一致,技术效率指数除个别年份有个小波动,其余时间几乎保持不变,还发现我国轻工产业大部分行业的绿色生产率提高主要是由技术进步因素推动的,技术效率因素总体上抑制了轻工产业绿色生产率的提高。(2)从细分行业和行业组分析,全部行业以及两大类行业组的技术效率指数总体上呈现出围绕着 1 上下波动的趋势,都经历了一个被拉伸的"W"型变动轨迹,技术进步指数走势线与全要素生产率指数走势线基本一致,均呈现出一条被拉伸的"N"型变动轨迹,还可以得到技术进步因素是轻工产业各行业绿色全要素生产率提高的主要驱动力,以农产品为原料的轻工行业的技术效率明显低于以非农产品为原料的轻工行业,而以农产品为原料的行业技术进步指数略高于以非农产品为原料的行业。(3)2008 年到 2016 年,天津、上海和安徽等省区市的轻工产业绿色生产率平均增长率达到 10% 左右,而河北、山西、辽宁、吉林、山东、广西、贵州和新疆等省市的轻工产业绿色生产率平均增长率出现了负增长,其中轻工产业技术进步因素对我国各省区市的轻工产业绿色生产率提高起到主要作用,而技术效率因素则抑制了各省区市轻工产业绿色生产率的提高。(4)全国和非优化开发区域轻工产业绿色生产率指数趋势呈现倒"N"型的变动,优化开发区域的生产率指数线变动过程中出现波折,但是总体上出现了下降的趋势,还可以发现轻工产业绿色全要素生产率的提高主要来自技术进步因素的推动,轻工产业技术效率的改善是推动我国区域轻工产业绿色生产率提高的一条重要路径。

第四,构建了我国轻工产业行业层面和区域层面的动态面板模型,利用系统 GMM 方法,实证分析了考虑碳排放约束下的我国轻工产业行业层面和区域层面的绿色全要素生产率以及分解项的影响因素,可以得到以下结论:(1)行业规模因素与轻工产业行业层面绿色生产率和技术效率负相关,与技术进步正相关,但是在统计学上都表现为不显著,禀赋结构因素对轻工业各行业绿色生产率的提高及其分解项的影响是负向显著的,产权结构因素与轻工业行业层面绿色生产率及分解项呈现显著正相关,能源结构因素对轻工业各行业绿色生产率以及分解项产生了显著的负面影响,研发水平因素对轻工产业绿色生产率及其分解项产生了显著的正向作用,外资规模因素对轻工业各行业绿色生产率以及分解项的影响是不显著的。(2)行业规模因素同各省区市轻工业绿色生产率以及技术进步负相关,与技术效率正相关,但是在统计学上均不显著,禀赋结构因素对轻工产业区域层面的绿色生产率以及技术进步产生了显著的促进作用,产权结构因素与轻工业区域层面的绿色生产率及分解项呈现显著负相关,能源结构因素对各省区市轻工业绿色技术效率、技术进步产生了负面影响,研发水平因素显著促进了各省区市轻工业绿色技术效率的改善和技术进步的提升,并促进了轻工业绿色生产率的提高,外资规模因素、政府干预因素对轻工产业绿色生产率以及分解项的影响都不显著。

第三,根据实证分析结果,分别提出轻工产业行业层面和区域层面的绿色发展路径及政策措施。(1)促进轻工产业各行业绿色发展、低碳转型的路径措施具体有:宏观上,从轻工产业绿色发展政策出发,完善轻工业环境规制体系,从轻工业行业结构调整出发,促进轻工产业绿色转型,以及从轻工产业行业标准出发,促进轻工业绿色生产;微观角度,从轻工产业绿色发展的驱动力出发,激发其绿色生产的积极性,从轻工业能源结构优化出发,加快轻工业能源消耗的转型,以及从轻工业行业研发投入出发,加强轻工业绿色技术创新等。(2)推动各省区市轻工产业绿色转型的路径和政策措施分别是:从地方政府角度分析,将绿色发展指标纳入地方政府考核体系中,加强地方政府对轻工产业绿色发展的有效干预。从区域布局和优势角度来看,做好轻工产业的区域布局,推动轻工业循环经济的发展,发挥轻工业绿色发展的区域优势,促进各省区市轻工业绿色转型的共同发展。完善碳排放区域性政策体系,为轻工产业的绿色发展营造有利的环境。

第二节　研究展望

本课题在对轻工产业碳排放发展趋势以及因素分解研究的基础上,从细分行业角度和省际角度,分别实证研究了轻工产业绿色生产的增长以及分解项绿色技术效率、技术进步的走势,同时实证分析了我国轻工产业行业层面和区域层面绿色生产率以及分解项的影响因素,并据此提出轻工产业各行业以及各省区市轻工业绿色发展、低碳转型的路径和政策措施。但是本研究仍然存在不足,需要在以后的学习研究中进一步改进和完善。

第一,从方法学角度看,本研究对轻工产业绿色生产率的测算仅利用了数据包络分析法中的 DEA－马尔奎斯特指数法,此方法属于测算全要素生产率非参数方法中的一种,其实证结果存在一定的片面性和局限性。所以在未来的学习研究中可以利用随机前沿生产函数法、索罗余值法等参数法对轻工产业绿色全要素生产率进行核算,并对各种测算结果做比较分析,从而进一步完善轻工产业绿色全要素生产率的研究结论。

第二,从研究样本数据角度看,由于样本数据的局限性,本研究仅能选择现有数据分析我国轻工产业绿色生产率的影响因素,还有一些较重要的影响因素只能忽略,如轻工产业环境规制因素、轻工产业中碳排放的捕捉以及储存量等。在未来,随着上述指标数据的补充和完善,或者数据估算方法的成熟,可以继续深入研究相关课题,进一步扩充轻工产业绿色生产率的影响因素,使研究结论更加科学,更加准确。

第三,由于本人研究能力和研究时间等因素有限,本研究仅从我国轻工产业二位数行业层面和省际层面两个角度分析绿色生产率以及影响因素。在未来的研究中,可以将省际层面扩展到重点省份的地级市层面,这样更加具有针对性,更加专业化。另外,也可以将轻工产业二位数行业扩展到四位数行业,使轻工业行业层面绿色生产率的研究更加细化。

参考文献

［1］ IPCC. *Climate Change* 2014：*Synthesis report.* Cambridge：Cambridge University Press,2014.

［2］ IPCC. *Climate Change* 2007：*The four assessment report of the intergavernmetal panel on climate change.* Cambridge：Cambridge University Press,2007.

［3］ 王彦敏：《我国传统轻工业产业升级与结构调整中的政府功能探析》，《中国行政管理》2011 年第 8 期，第 88 –91 页。

［4］ 金涌：《绿色创新：轻工产业持续发展的金钥匙》，《轻工学报》2016 年第 1 期，第 1 –5 页。

［5］ Färe R,Grosskopf S, Roos P. "Productivity and quality changes in Swedish pharmacies". *International Journal of Production Economics*, 1995, 39（2）：137 –144.

［6］ Malmquist S. "Index numbers and indifference surfaces". Trabajos de estadística,1953,4（2）：209 –242.

［7］ Shepard R W. *Cost and production functions.* Princeton：Princeton Univer, 1953.

［8］ Farrell M J. "The measurement of productive efficiency". *Journal of the Royal Statistical Society Series A* （General）,1957,120（3）：253 –290.

［9］ Aigner D J,Chu S – F. "On estimating the industry production function".

The American Economic Review, 1968, 58(4): 826 – 839.

[10]   Førsund F R, Jansen E S. "On estimating average and best practice homothetic production functions via cost functions". *International Economic Review*, 1977: 463 – 476.

[11]   Chen Y. "A non-radial Malmquist productivity index with an illustrative application to Chinese major industries". *International Journal of Production Economics*, 2003, 83(1): 27 – 35.

[12]   Tinbergen J. "Zur theorie der langfristigen wirtschaftsentwicklung". *Weltwirtschaftliches Archiv*, 1942: 511 – 549.

[13]   Stigler G J, Samuelson P A. "Review of foundations of economic analysis". *Journal of the American Statistical Association*, 1948, 43(244): 603 – 605.

[14]   Barton G T, Cooper M R. "Relation of agricultural production to inputs". *The Review of Economics and Statistics*, 1948: 117 – 126.

[15]   Solow R M. "Technical change and the aggregate production function". *The Review of Economics and Statistics*, 1957: 312 – 320.

[16]   Dension E F. *Why growth rates differ*. Washington D. C.: Brooking Institute, 1962.

[17]   Kendrick J W. "Productivity Trends". *Business Economics*, 1973: 56 – 61.

[18]   Jorgenson D W, Griliches Z. "The explanation of productivity change". *The Review of Economic Studies*, 1967, 34(3): 249 – 283.

[19]   Christensen L R, Jorgenson D W, Lau L J. "Transcendental logarithmic production frontiers". *The Review of Economics and Statistics*, 1973: 28 – 45.

[20]   Romer P M. "Endogenous technological change". *Journal of Political Economy*, 1990, 98(5): 71 – 102.

[21]   Aghion P, Howitt P. "*A model of growth through creative destruction*".

National Bureau of Economic Research,1990,60(2):323 – 351.

［22］ Acemoglu D,Antràs P,Helpman E. "Contracts and technology adoption". *The American Economic Review*,2007,97(3):916 – 943.

［23］ Alfaro L,Chanda A,Kalemli-Ozcan S,et al. "How does foreign direct investment promote economic growth? Exploring the effects of financial markets on linkages". *National Bureau of Economic Research*,2006.

［24］ Caselli F, Coleman W J. "The world technology frontier". *The American Economic Review*,2006,96(3):499 – 522.

［25］ Holmes T J,Schmitz Jr J A. "A gain from trade: from unproductive to productive entrepreneurship". *Journal of Monetary Economics*, 2001, 47 (2): 417 – 446.

［26］ 谌伟、诸大建、白竹岚:《上海市工业碳排放总量与碳生产率关系》,《中国人口资源与环境》2010 年第 9 期,第 24 – 31 页。

［27］ Wang Y,Shen N. "Environmental regulation and environmental productivity: The case of China". *Renewable and Sustainable Energy Reviews*,2016,62: 758 – 766.

［28］ 李小胜、张焕明:《中国碳排放效率与全要素生产率研究》,《数量经济技术经济研究》2016 年第 8 期,第 64 – 79 页。

［29］ Young A. "The tyranny of numbers: Confronting the statistical realities of the East Asian growth experience". *The Quarterly Journal of Economics*,1995,110 (3):641 – 680.

［30］ Young A. "The razor's edge: Distortions and incremental reform in the People's Republic of China". *The Quarterly Journal of Economics*,2000,115(4): 1091 – 1135.

［31］ Young A. "Gold into base metals: productivity growth in the People's Republic of China during the reform period". *Journal of Political Economy*,2003,111 (6):1220 – 1261.

［32］　Perkins D H, Rawski T G. "Forecasting China's economic growth to 2025". *China's great economic transformation*, 2008:829 - 886.

［33］　张军、施少华:《中国经济全要素生产率变动:1952—1998》,《世界经济文汇》2003 年第 2 期,第 17 - 24 页。

［34］　蔡昉:《中国经济增长如何转向全要素生产率驱动型》,《中国社会科学》2013 年第 1 期,第 56 - 71 页。

［35］　朱子云:《中国经济增长的动力转换与政策选择》,《数量经济技术经济研究》2017 年第 3 期,第 3 - 20 页。

［36］　华民:《中国经济增长中的结构问题》,《探索与争鸣》2017 年第 5 期,第 118 - 122 页。

［37］　孙学涛、王振华、张广胜:《全要素生产率提升中的结构红利及其空间溢出效应》,《经济评论》2018 年第 3 期,第 46 - 58 页。

［38］　郑江淮、宋建、张玉昌等:《中国经济增长新旧动能转换的进展评估》,《中国工业经济》2018 年第 6 期,第 24 - 42 页。

［39］　Hailu A, Veeman T S. "Environmentally sensitive productivity analysis of the Canadian pulp and paper industry, 1959 - 1994: an input distance function approach". *Journal of Environmental Economics and Management*, 2000, 40 (3): 251 - 274.

［40］　Managi S, Kaneko S. "Economic growth and the environment in China: an empirical analysis of productivity". *International Journal of Global Environmental*, 2006, 6(1):89 - 133.

［41］　Kaneko S, Managi S. "Environmental productivity in China". *Economics Bulletin*, 2004, 17(2):1 - 10.

［42］　Li L-B, Hu J-L. "Ecological total-factor energy efficiency of regions in China". *Energy Policy*, 2012(46):216 - 224.

［43］　陈诗一:《中国的绿色工业革命:基于环境全要素生产率视角的解释(1980—2008)》,《经济研究》2010 年第 11 期,第 21 - 34 页。

［44］　岳鸿飞、徐颖、吴璘:《技术创新方式选择与中国工业绿色转型的实证分析》,《中国人口资源与环境》2017 年第 12 期,第 196 - 206 页。

［45］　岳鸿飞、徐颖、周静:《中国工业绿色全要素生产率及技术创新贡献测评》,《上海经济研究》2018 年第 4 期,第 52 - 61 页。

［46］　陈超凡:《节能减排与中国工业绿色增长的模拟预测》,《中国人口资源与环境》2018 年第 4 期,第 145 - 154 页。

［47］　葛鹏飞、王颂吉、黄秀路:《中国农业绿色全要素生产率测算》,《中国人口资源与环境》2018 年第 5 期,第 66 - 74 页。

［48］　郭海红、张在旭、方丽芬:《中国农业绿色全要素生产率时空分异与演化》,《现代经济探讨》2018 年第 6 期,第 85 - 94 页。

［49］　Zheng J, Bigsten A, Angang H. "Can China's growth be sustained? A productivity perspective". *World Development*, 2009(37):874 - 888.

［50］　汪锋、解晋:《中国分省绿色全要素生产率增长率研究》,《中国人口科学》2015 年第 2 期,第 53 - 62 页。

［51］　徐晓红、汪侠:《中国绿色全要素生产率及其区域差异——基于 30 个省面板数据的实证分析》,《贵州财经大学学报》2016 年第 6 期,第 91 - 98 页。

［52］　王裕瑾、于伟:《我国省际绿色全要素生产率收敛的空间计量研究》,《南京社会科学》2016 年第 11 期,第 31 - 38 页。

［53］　王兵、黄人杰:《中国区域绿色发展效率与绿色全要素生产率:2000—2010——基于参数共同边界的实证研究》,《产经评论》2014 年第 1 期,第 16 - 35 页。

［54］　李平:《环境技术效率、绿色生产率与可持续发展:长三角与珠三角城市群的比较》,《数量经济技术经济研究》2017 年第 11 期,第 3 - 23 页。

［55］　刘华军、李超:《中国绿色全要素生产率的地区差距及其结构分解》,《上海经济研究》2018 年第 6 期,第 35 - 47 页。

［56］　易明、李纲、彭甲超等:《长江经济带绿色全要素生产率的时空分异特征研究》,《管理世界》2018 年第 11 期,第 178 - 179 页。

［57］　周永文:《广东环境全要素生产率及影响因素分析——基于环境生产函数的实证研究》,《暨南学报》(哲学社会科学版)2016 年第 1 期,第 96 - 112 页。

［58］　刘亦文、李毅、胡宗义:《湖南省绿色全要素生产率的地区差异及影响因素研究》,《湖南大学学报》(社会科学版)2018 年第 5 期,第 66 - 70 页。

［59］　Adam Smith. *The Wealth of Nations*. New York: The Modern Library,1937.

［60］　［英]大卫·李嘉图著,丰俊功译:《政治经济学及赋税原理》,光明日报出版社 2009 年版。

［61］　［英]马尔萨斯著,郭大力译:《人口论》,北京大学出版社 2015 年版。

［62］　Swan T W. "Economic growth and capital accumulation". *Economic Record*,1956,(32):334 - 361.

［63］　Solow R M. "A contribution to the theory of economic growth". *Quarterly Journal of Economics*,1956,(70):65 - 94.

［64］　Arrow K J. "The economic implication of learing by doing". *Review of Economic Studies*,1962,(29):155 - 173.

［65］　Romer P M. "The origins of endogenous growth". *The Journal of Economic Perspectives*,1986,(8):3 - 22.

［66］　Romer P M. "Endogenous technological change". *Journal of Political Economy*,1990,(5):71 - 102.

［67］　Grossman G M,Helpman E. *Human capital,innovation and growth in the global economy*. Cambridge: MIT Press,1991.

［68］　Aghion P,Howitt P. "A model of growth through creative destruction". *Econometrica*,1992,(60):323 - 351.

［69］　Lucas R E. "On the mechanics of economic-development". *Journal of Monetary Economics*,1988,22(1):3 - 42.

［70］　Forster B. "Optimal capital accumulation in a polluted environment".

Review of Economic Studies,1973,(39):544 – 547.

[71]　Becker R. "Intergenerational equity:the capital environment trade-off". *Journal of Environmental Economics and Management*,1982,(9):165 – 185.

[72]　Tahvonen O,Kuuluvainen J. "Economic growth,pollution and renew able resources". *Journal of Environmental Economics and Management*,1993,(24):101 – 118.

[73]　Lopez R. "The environment as a factor of production:the effects of economic growth and trade liberalization". *Journal of Environmental Economics and Management*,1994,(27):163 – 184.

[74]　Selden T,Song D. "Neoclassical growth,the J curve for abatement,and the inverted U curve for pollution". *Journal of Environmental Economics and Management*,1995,(29):162 – 168.

[75]　Stokey N. "Are there limits to growth?". *International Economic Review*,1998,(39):1 – 31.

[76]　Gradus R,Smulders S. "The trade-off between environmental care and long-term growth:pollution in three prototype growth models". *Journal of Economics*,1993,(58):25 – 51.

[77]　Lighart J,Vander Ploeg F. "Pollution,the cost of public funds and endogenous growth". *Economic Letters*,1994,(15):339 – 349.

[78]　Bovenberg A,Smulders S. "Environmental quality and pollution-augmenting technological change in a two-sector endogenous growth model". *Journal of Public Economics*,1995,(57):369 – 391.

[79]　Bovenberg A,Smulders S. "Transitional impacts of environmental policy in an endogenous growth model". *International Economic Review*,1996,(37):861 – 893.

[80]　Aigner D,Lovell C A K,Schmidt P. "Formulation and estimation of stochastic frontier production function models". *Journal of Econometrics*, 1977, (1): 21 – 37.

[81]   Meeusen W, Van Den Broeck J. "Efficiency estimation from cobb-douglas production functions with composed error". *International Economic Review*, 1977, (18): 435 – 444.

[82]   Kalirajan K P. "An econometric analysis of yield variability in paddy production". *Canadian Journal of Agricultural Economics*. 1981, (29):283 – 294.

[83]   Pitt L M, Lee L. "The measurement and sources of technical inefficiency in Indonesian weaving industry". *Journal of Development Economics*, 1981, (9):43 – 64.

[84]   Kumbhakar S C, Ghosh S, Mcguckin J T. "A generalized production frontier approach for estimating determinants of inefficiency in U. S. dairy farms". *Journal of Business & Economic Statistics*, 1991, 9(3):279 – 286.

[85]   Kumbhakar S C, Lovell C A K. *Stochastic frontier analysis*. Cambridge UK: Cambridge University Press, 2000.

[86]   Cooper W W, Seiford L M, Zhu J. *Data envelopment analysis: history, models, and interpretations*. Handbook on Data Envelopment Analysis. Springer US, 2011:1 – 39.

[87]   Stewart T J. "Relationships between data envelopment analysis and multi-criteria decision analysis". *Journal of the Operational Research Society*, 1996, 47(5): 654 – 665.

[88]   Malmquist S. "Index numbers and indifference surfaces". *Trabajos de Estadistica*, 1953, 4(1):209 – 242.

[89]   Shephard R W. *Cost and production functions*. Princeton: Princeton University Press, 1953.

[90]   Farrell M. "The measurement of production efficiency". *Journal of the Royal Statistical Society*, 1957, (120):253 – 282.

[91]   Charnes A, Cooper W W, Rhodes E. "Measuring the efficiency of decision making units". *European Journal of Operations Research*. 1978, 2(6):429 – 444.

［92］　Banker R D, Charnes A, Cooper W W. "Some models for estimating technical and scale inefficiencies in data envelopment analysis". *Management Science*, 1984, 30(9):1078 – 1092.

［93］　Caves D L, Christensen W D. "The economic theory of index numbers and the measurement of input, output, and productivity". *Econometrica*, 1982, 50(6):1393 – 1414.

［94］　Färe R, Grosskopf S, Norris M, Zhang Z. "Productivity growth, technical progress, and efficiency change in industrialized countries". *American Economic Review*, 1994, 84(1):66 – 83.

［95］　Ray S C, Desli E. "Productivity growth, technical progress, and efficiency change in industrialized countries: comment". *American Economic Review*, 1997, (87):1033 – 1039.

［96］　Grifell-Tatje E, Lovell C A K. "A generalized Malmquist productivity index". *Top*, 1999, 7(1):81 – 101.

［97］　Lovell C A K. "The decomposition of malmquist productivity indexes". *Journal Of Productivity Analysis*, 2003, 20(3):437 – 458.

［98］　Førsund F R, Sarafoglou N. "On the origins of data envelopment analysis". *Journal of Productivity Analysis*, 2002, 17(1):23 – 40.

［99］　Førsund F R, Sarafoglou N. "The tale of two research communities: The diffusion of research on productive efficiency". *International Journal of Production Economics*, 2005, 98(1):17 – 40.

［100］　Halkos G, Petrou K N. "Treating undesirable outputs in DEA: A critical review". *Economic Analysis and Policy*, 2019, 62(1):97 – 104.

［101］　Cooper W W, Seiford L M, Tone K. *Introduction to data envelopment analysis and its uses: With DEA-solver software and references*. Berlin: Springer Science & Business Media, 2006.

［102］　Fare R, Grosskopf S, Lovell C A K. *Production frontiers*. Cambridge:

Cambridge University Press,1994.

[103] Neumann J V. "A model of general economic equilibrium". The Review of Economic Studies,1945,13(1):1 – 9.

[104] Koopmans T C. *Activity analysis of production and allocation*. New York: Wiley,1951.

[105] Shephard R W. *Theory of cost and production functions*. Princeton: New Jersey,1970.

[106] Jamasb T,Pollitt M. "Benchmarking and regulation: international electricity experience". *Utilities Policy*,2000,9(3):107 – 130.

[107] Abbott M. "The productivity and efficiency of the Australian electricity supply industry". *Energy Economics*,2006,28(4):444 – 454.

[108] Zhou P, Ang B W, Poh K L. "A survey of data envelopment analysis in energy and environmental studie". *European Journal of Operational Research*,2008, 189(1):1 – 18.

[109] Yu J, Zhang Z, Zhou Y. "The sustainability of China's major mining cities". *Resources Policy*,2008,33(1):12 – 22.

[110] Song M, An Q X, Zhang W, Wang Z, Wu J. "Environmental efficiency evaluation based on data envelopment analysis: A review". *Renewable & Sustainable Energy Reviews*,2012,16(7):4465 – 4469.

[111] Sueyoshi T, Yuan Y, Goto M. "A literature study for DEA applied to energy and environment". *Energy Economics*,2017,(62):104 – 124.

[112] Emrouznejad A, Yang G L. "A survey and analysis of the first 40 years of scholarly literature in DEA: 1978 – 2016". *Socio-Economic Planning Sciences*, 2018,(61):4 – 8.

[113] Feng C, Huang J B, Wang M. "Analysis of green total-factor productivity in China's regional metal industry: a meta-frontier approach". *Resources Policy*, 2018,58(1):219 – 229.

［114］ 刘阳、秦曼:《中国东部沿海四大城市群绿色效率的综合测度与比较》,《中国人口资源与环境》2019 年第 3 期,第 11 - 20 页。

［115］ 马骍:《"一带一路"沿线国家环境全要素生产率动态评价及绿色发展的国别差异——基于 DEA-Malmquist 指数的实证研究》,《河南大学学报》(社会科学版)2019 年第 2 期,第 17 - 25 页。

［116］ Fujii H, Managi S, Kaneko S. "Decomposition analysis of air pollution abatement in China: empirical study for ten industrial sectors from 1998 to 2009". *Jurnal of Cleaner Production*, 2013, 59(3):22 - 31.

［117］ Li H, Shi J F. "Energy efficiency analysis on Chinese industrial sectors: An improved Super-SBM model with undesirable outputs". *Journal of Cleaner Production*, 2014, 65(4):97 - 107.

［118］ Yuan B L, Ren S G, Chen X H. "Can environmental regulation promote the coordinated development of economy and environment in China's manufacturing industry? A panel data analysis of 28 sub-sectors". *Journal of Cleaner Production*, 2017, (149):11 - 24.

［119］ Moghaddasi R, Pour A A. "Energy consumption and total factor productivity growth in Iranian agriculture". *Energy Reports*, 2016, (2):218 - 220.

［120］ Coelli T J, Prasada Rao D S. "Total factor productivity growth in agriculture: a Malmquist index analysis of 93 countries". *Agricultural Economics*, 2005, 32(s1):115 - 134.

［121］ Gautam M, Yu B. "Agricultural productivity growth and drivers: a comparative study of China and India". *China Agricultural Economic Review*, 2015(4):573 - 600.

［122］ Pang J, Chen X, Zhang Z, et al. "Measuring eco-efficiency of agriculture in China". *Sustainability*, 2016(4):398.

［123］ 任耀、牛冲槐、张彤进:《"研发中学"对工业绿色全要素生产率的影响研究——基于 PSTR 的修正模型》,《经济问题》2015 年第 3 期,第 71 - 75 页。

［124］ 申晨、贾妮莎、李炫榆:《环境规制与工业绿色全要素生产率——基

于命令—控制型与市场激励型规制工具的实证分析》,《研究与发展管理》2017年第2期,第144-154页。

[125]　胡宗义、李毅:《环境规制与中国工业绿色技术效率——基于省际面板数据的实证研究》,《湖南大学学报》(社会科学版)2017年第5期,第42-48页。

[126]　惠树鹏、王森:《基于多重约束的两化融合对工业绿色全要素生产率的影响研究》,《软科学》2019年第12期,第35-39页。

[127]　陈瑶:《中国区域工业绿色发展效率评估——基于R&D投入视角》,《经济问题》2018年第12期,第77-83页。

[128]　沈明伟、张海玲:《环境规制影响中国污染排放的作用机制研究——基于TFP及其分解项的视角》,《东岳论丛》2018年第12期,第139-147页。

[129]　惠树鹏、张威振、边珺:《工业绿色全要素生产率增长的动力体系及驱动效应研究》,《统计信息与论坛》2017年第12期,第78-85页。

[130]　王云霞、韩彪:《技术进步偏向、要素禀赋与物流业绿色全要素生产率》,《北京工商大学学报》(社会科学版)2018年第2期,第51-61页。

[131]　袁宝龙、李琛:《环境规制政策下创新驱动中国工业绿色全要素生产率研究》,《产业经济研究》2015年第5期,第101-113页。

[132]　李琳、刘琛:《互联网、禀赋结构与长江经济带工业绿色全要素生产率——基于三大城市群108个城市的实证分析》,《华东经济管理》2018年第7期,第5-11页。

[133]　吴新中、邓明亮:《技术创新、空间溢出与长江经济带工业绿色全要素生产率》,《科技进步与对策》2018年第17期,第50-58页。

[134]　高杨、牛子恒:《农业信息化、空间溢出效应与农业绿色全要素生产率——基于SBM-ML指数法和空间杜宾模型》,《统计与信息论坛》2018年第10期,第66-75页。

[135]　展进涛、徐钰娇:《环境规制、农业绿色生产率与粮食安全》,《中国人口资源与环境》2019年第3期,第167-176页。

[136] 吴英姿、闻岳春:《中国工业绿色生产率、减排绩效与减排成本》,《科研管理》2013年第2期,第105－111页。

[137] 周五七、武戈:《低碳约束的工业绿色生产率增长及其影响因素实证分析》,《中国科技论坛》2014年第8期,第67－73页。

[138] 孟祥宁、张林:《中国装备制造业绿色全要素生产率增长的演化轨迹及动力》,《经济与管理研究》2018年第1期,第105－115页。

[139] 吴传清、宋子逸:《长江经济带农业绿色全要素生产率测度及影响因素》,《科技进步与对策》2018年第17期,第35－41页。

[140] 王留鑫、姚慧琴、韩先锋:《碳排放、绿色全要素生产率与农业经济增长》,《经济问题探索》2019年第2期,第142－149页。

[141] 唐建荣、杜聪、李晓静:《中国物流业经济增长质量实证研究——基于绿色全要素生产率视角》,《软科学》2016年第11期,第10－14页。

[142] 刘战豫、孙夏令:《中国物流业绿色全要素生产率的时空演化及动因分析》,《软科学》2018年第4期,第77－81页。

[143] 丁黎黎、朱琳、何广顺:《中国海洋经济绿色全要素生产率测度及影响因素》,《中国科技论坛》2015年第2期,第72－78页。

[144] 肖锐、陈池波:《财政支持能提升农业绿色生产率吗?——基于农业化学品投入的实证分析》,《中南财经政法大学学报》2017年第1期,第18－24页。

[145] 屈小娥、胡琰欣、赵昱钧:《产业集聚对制造业绿色全要素生产率的影响——基于长短期行业异质性视角的经验分析》,《北京理工大学学报》(社会科学版)2019年第1期,第27－36页。

[146] 沈裕谋、张亚斌:《两化融合对中国工业绿色全要素生产率的影响研究》,《湖南科技大学学报》(社会科学版)2014年第3期,第70－77页。

[147] 师博、姚峰、李辉:《创新投入、市场竞争与制造业绿色全要素生产率》,《人文杂志》2018年第1期,第26－36页。

[148] 刘英基:《制度质量、知识资本与工业绿色生产效率提升》,《科技进

步与对策》2018 年第 11 期,第 77 – 83 页。

[149] 谢荣辉:《环境规制、引致创新与中国工业绿色生产率提升》,《产业经济研究》2017 年第 2 期,第 38 – 48 页。

[150] 陶锋、王余妃:《环境规制、研发偏向与工业绿色生产率——"波特假说"再检验》,《暨南学报》(哲学社会科学版)2018 年第 5 期,第 45 – 60 页。

[151] 陈超凡、韩晶、毛渊龙:《环境规制、行业异质性与中国工业绿色增长——基于全要素生产率视角的非线性检验》,《山西财经大学学报》2015 年第 3 期,第 65 – 80 页。

[152] Rusiawan W, Tjiptoherijanto P, Suganda E. "Assessment of green total factor productivity impact on sustainable Indonesia productivity growth". *Procedia Environmental Sciences*, 2015, (28):493 – 501.

[153] Zhang Z, Ye J. "Decomposition of environmental total factor productivity growth using hyperbolic distance functions: a panel data analysis for China". *Energy Economics*, 2015, (47):87 – 97

[154] Lin E Y Y, Chen P Y, Chen C C. "Measuring green productivity of country: a generalized metafrontier Malmquist productivity index approach". *Energy*, 2013, 55(15):340 – 353.

[155] Woo C, Chung Y, Chun D, Seo H, Hong S. "The static and dynamic environmental efficiency of renewable energy: a Malmquist index analysis of OECD countries". *Renewable and Sustainable Energy Reviews*, 2015, (47):367 – 376.

[156] Zhang J, Tan W. "Study on the green total factor productivity in main cities of China". *Social Science Electronic Publishing*, 2016, 34(1):215 – 234.

[157] Tao F, Zhang H Q, Hu J, Xia H X. "Dynamics of green productivity growth for major Chinese urban agglomerations". *Applied Energy*, 2017, 196(15):170 – 179.

[158] Lv W, Hong X, Fang K. "Chinese regional energy efficiency change and its determinants analysis: Malmquist index and Tobit model". *Annals of Operations Re-

search，2016，228（1）：1 – 14.

［159］ 万伦来、朱琴：《R&D 投入对工业绿色全要素生产率增长的影响——来自中国工业 1999—2010 年的经验数据》，《经济学动态》2013 年第 9 期，第 20 – 26 页。

［160］ 汪克亮、孟祥瑞、杨力、程云鹤：《生产技术异质性与区域绿色全要素生产率增长——基于共同前沿与 2000—2012 年中国省际面板数据的分析》，《北京理工大学学报》(社会科学版)2015 年第 1 期，第 23 – 31 页。

［161］ 程中华：《集聚经济与绿色全要素生产率》，《软科学》2015 年第 5 期，第 41 – 44 页。

［162］ 杨世迪、韩先锋、宋文飞：《对外直接投资影响了中国绿色全要素生产率吗》，《山西财经大学学报》2017 年第 4 期，第 14 – 26 页。

［163］ 王伟：《县域金融与绿色全要素生产率增长——来自长江经济带上游流域证据》，《统计与信息论坛》2017 年第 9 期，第 69 – 77 页。

［164］ 齐绍洲、徐佳：《贸易开放对"一带一路"沿线国家绿色全要素生产率的影响》，《中国人口资源与环境》2018 年第 4 期，第 134 – 144 页。

［165］ 杜俊涛、陈雨、宋马林：《财政分权、环境规制与绿色全要素生产率》，《科学决策》2017 年第 9 期，第 65 – 92 页。

［166］ 葛鹏飞、黄秀路、徐璋勇：《金融发展、创新异质性与绿色全要素生产率提升——来自"一带一路"的经验证据》，《财经科学》2018 年第 1 期，第 1 – 14 页。

［167］ 王伟、孙芳城：《金融发展、环境规制与长江经济带绿色全要素生产率增长》，《西南民族大学学报》(人文社会科学版)2018 年第 1 期，第 129 – 137 页。

［168］ 傅京燕、胡瑾、曹翔：《不同来源 FDI、环境规制与绿色全要素生产率》，《国际贸易问题》2018 年第 7 期，第 134 – 148 页。

［169］ 朱金鹤、王雅莉：《创新补偿抑或遵循成本？污染光环抑或污染天堂？——绿色全要素生产率视角下双假说的门槛效应与空间溢出效应检验》，

《科学进步与对策》2018 年第 20 期,第 46 – 54 页。

[170] 伍格致、游达明:《环境规制对技术创新与绿色全要素生产率的影响机制:基于财政分权的调节作用》,《管理工程学报》2019 年第 1 期,第 37 – 50 页。

[171] 黄秀路、韩先锋、葛鹏飞:《"一带一路"国家绿色全要素生产率的时空演变及影响机制》,《经济管理》2017 年第 9 期,第 6 – 18 页。

[172] 宋长青、刘聪粉、王晓军:《中国绿色全要素生产率测算及分解:1985—2010》,《西北农林科技大学学报》(社会科学版)2014 年第 3 期,第 120 – 127 页。

[173] 刘华军、李超、彭莹、贾文星:《中国绿色全要素生产率增长的空间不平衡及其成因解析》,《财经理论与实践》2018 年第 5 期,第 116 – 121 页。

[174] 李健、刘召:《中国三大城市群绿色全要素生产率空间差异及影响因素》,《软科学》2019 年第 2 期,第 61 – 80 页。

[175] 袁晓玲、班斓、杨万平:《陕西省绿色全要素生产率变动及影响因素研究》,《统计与信息论坛》2014 年第 5 期,第 38 – 43 页。

[176] 卢丽文、宋德勇、黄璨:《长江经济带城市绿色全要素生产率测度——以长江经济带的 108 个城市为例》,《城市问题》2017 年第 1 期,第 61 – 67 页。

[177] 李汝资、刘耀彬、王文刚、孙东琪:《长江经济带城市绿色全要素生产率时空分异及区域问题识别》,《地理科学》2018 年第 9 期,第 1475 – 1482 页。

[178] 张帆:《金融发展影响绿色全要素生产率的理论和实证研究》,《中国软科学》2017 年第 9 期,第 154 – 167 页。

[179] 王小腾、徐璋勇、刘潭:《金融发展是否促进了"一带一路"国家绿色全要素生产率增长?》,《经济经纬》2018 年第 5 期,第 17 – 22 页。

[180] 蔡乌赶、周小亮:《中国环境规制对绿色全要素生产率的双重效应》,《经济学家》2017 年第 9 期,第 27 – 35 页。

[181] 黄庆华、胡江峰、陈习定:《环境规制与绿色全要素生产率:两难还是双赢?》,《中国人口资源与环境》2018 年第 11 期,第 140 – 149 页。

[182]　温湖炜、周凤秀:《环境规制与中国省域绿色全要素生产率——兼论对〈环境保护税法〉实施的启示》,《干旱区资源与环境》2019 年第 2 期,第 9 - 15 页。

[183]　王凯风、吴超林:《收入差距对中国城市环境全要素生产率的影响——来自 285 个地级及以上级别城市的证据》,《经济问题探索》2018 年第 2 期,第 49 - 57 页。

[184]　武宵旭、葛鹏飞、徐璋勇:《老龄化抑制了"一带一路"绿色全要素生产率的提升吗——基于创新和医疗的视角》,《山西财经大学学报》2018 年第 3 期,第 11 - 24 页。

[185]　陈阳、唐晓华:《制造业集聚对城市绿色全要素生产率的溢出效应研究——基于城市等级视角》,《财贸研究》2018 年第 1 期,第 1 - 15 页。

[186]　武宵旭、葛鹏飞:《城市化对绿色全要素生产率影响的金融发展传导效应——以"一带一路"国家为例》,《贵州财经大学学报》2019 年第 1 期,第 13 - 23 页。

[187]　葛鹏飞、黄秀路、韩先锋:《创新驱动与"一带一路"绿色全要素生产率提升——基于新经济增长模型的异质性创新分析》,《经济科学》2018 年第 1 期,第 37 - 51 页。

[188]　张建华、李先枝:《政府干预、环境规制与绿色全要素生产率——来自中国 30 个省、市、自治区的经验证据》,《商业研究》2017 年第 10 期,第 162 - 170 页。

[189]　何爱平、安梦天:《地方政府竞争、环境规制与绿色发展效率》,《管理工程学报》2019 年第 3 期,第 21 - 30 页。

[190]　刘赢时、田银华、罗迎:《产业结构升级、能源效率与绿色全要素生产率》,《财经理论与实践》2018 年第 1 期,第 118 - 126 页。

[191]　陈诗一:《能源消耗、二氧化碳排放与中国工业的可持续发展》,《经济研究》2009 年第 4 期,第 41 - 55 页。

[192]　梁俊:《环境约束下中国工业增长与节能减排双赢绩效研究:一个非

径向 DEA 模型分析框架》,《产业经济研究》2014 年第 2 期,第 93 - 102 页。

[193] 蒋冠宏、蒋殿春:《中国企业对外直接投资的异质性检验——以服装、纺织和鞋帽类企业为例》,《世界经济研究》2013 年第 11 期,第 61 - 79 页。

[194] 高宇:《我国出口加工行业的企业异质性检验——基于纺织业的实证分析》,《山西财经大学学报》2014 年第 1 期,第 1 - 12 页。

[195] 付韶军:《出口和 FDI 提升纺织服装业全要素生产率研究——基于随机前沿面板数据模型的分析》,《国际经济与合作》2016 年第 2 期,第 68 - 74 页。

[196] 李鹏、曾光:《我国农副食品加工业全要素生产率研究——基于 17 个细分行业数据》,《中国农业大学学报》2012 年第 4 期,第 179 - 184 页。

[197] 宋冬林、齐文浩:《食品安全规制与行业生产率——来自中国食品工业的经验数据》,《经济与管理研究》2014 年第 4 期,第 71 - 74 页。

[198] 战炤磊、王凯:《中国食品行业全要素生产率变化及其收敛性研——以植物油产业为例》,《南京社会科学》2014 年第 11 期,第 17 - 23 页。

[199] 王艳华、王军、张越杰:《吉林省农产品加工业全要素生产率变动及其分解分析——基于 Malmquist 生产率指数的实证研究》,《农业技术经济》2010 年第 10 期,第 108 - 114 页。

[200] 韩艳旗、赵晓飞、王红玲:《农产品加工业综合绩效与投入产出效率分析——基于湖北省 2011 年数据》,《湖南农业大学学报》(社会科学版)2014 年第 1 期,第 14 - 20 页。

[201] 韩艳旗、韩非、王红玲:《湖北省农产品加工业产业基础与综合发展能力研究》,《农业经济问题》2014 年第 6 期,第 97 - 102 页。

[202] 陈银娥、曾小龙:《湖北省农产品加工业全要素生产率变动及聚类分析——基于 DEA-Malmquist 生产率指数的实证方法》,《江汉论坛》2014 年第 12 期,第 17 - 23 页。

[203] 郭雪霞、张慧媛、刘瑜等:《中国农产品加工产业聚集问题研究与对策》,《世界农业》2015 年第 7 期,第 162 - 166 页。

[204]　战炤磊、王凯:《产业集聚、企业规模与农产品加工业全要素生产率——来自江苏的证据》,《中南财经政法大学学报》2012 年第 5 期,第 134 - 140 页。

[205]　姚升、王光宇:《出口贸易、FDI 与中国农产品加工业全要素生产率——基于行业面板数据的实证分析》,《技术经济与管理研究》2014 年第 10 期,第 17 - 21 页。

[206]　曾亿武、郭红东、邱东茂:《产业集聚效应、要素拥挤与效率改善——基于浙江省农产品加工业集群的实证分析》,《农林经济管理学报》2015 年第 3 期,第 218 - 225 页。

[207]　王兆君、刘帅:《我国木材加工产业集群演进动力机制实证分析》,《经济问题探索》2014 年第 4 期,第 40 - 45 页。

[208]　杨超、黄群慧、贺俊、杨伶:《中低技术制造业集聚、创新与地方经济增长——基于木材加工业的实证分析》,《商业经济与管理》2018 年第 10 期,第 57 - 68 页。

[209]　郑松青、余建辉:《金融危机后造纸产业技术创新效率变动实证研究——基于 DEA-Malmquist 指数法》,《林业经济问题》2012 年第 4 期,第 329 - 332 页。

[210]　唐帅、宋维明:《技术效率、技术进步与中国造纸产业全要素生产率的提高——基于 DEA-Malmquist 指数法的实证分析》,《科技管理研究》2014 年第 15 期,第 118 - 126 页。

[211]　李凌超、陶晨璐、程宝栋:《中国造纸业空间集聚水平实证研究》,《林业经济》2017 年第 11 期,第 40 - 44 页。

[212]　黄登良、汪鹏、谢丽团、戴永务:《低碳约束下木材加工业全要素生产率研究》,《林业经济问题》2015 年第 4 期,第 348 - 353 页。

[213]　郑义、林恩惠、刘燕娜:《技术创新对木材加工业低碳贸易竞争力的影响》,《林业经济问题》2015 年第 1 期,第 38 - 43 页。

[214]　杨加猛、饶永志、蔡志坚、张智光:《江苏造纸业经济增长与环境污染

关系的实证分析》,《华东经济管理》2014 年第 11 期,第 17－20 页。

［215］ 冯枫、黄和亮、张佩、陈思莹:《中国纸产品贸易的碳减排效应研究》,《林业经济问题》2014 年第 3 期,第 223－228 页。

［216］ 许华、刘佳华:《环境规制对我国造纸行业绿色技术创新的影响研究》,《中国造纸》2017 年第 12 期,第 67－73 页。

［217］ 祝福云、闫鑫:《我国轻工业全要素生产率指数研究——基于三阶段 DEA-Malmquist 指数的分析》,《价格理论与实践》2016 年第 7 期,第 108－111 页。

［218］ 闫鑫、祝福云:《中国轻工业全要素生产率的地区差异性研究》,《兰州财经大学学报》2017 年第 4 期,第 50－57 页。

［219］ 祝福云、闫鑫:《空间溢出效应与产业全要素生产率增长——基于轻工业影响因素的空间计量分析》,《南京审计大学学报》2018 年第 4 期,第 94－102 页。

［220］ 王来力、丁雪梅、吴雄英、李敏:《我国纺织工业能源消费碳排放与经济发展关系的实证分析》,《东华大学学报》(自然科学版)2013 年第 2 期,第 230－234 页。

［221］ 王来力、吴雄英、丁雪梅、李敏:《中国纺织服装行业能源消费碳排放因素分析》,《环境科学与技术》2013 年第 5 期,第 201－205 页。

［222］ 王来力、丁雪梅、吴雄英:《纺织产品的灰水碳足迹核算》,《印染》2013 年第 9 期,第 41－43 页。

［223］ 王来力、丁雪梅、吴雄英:《纺织产品碳足迹研究进展》,《纺织学报》2013 年第 6 期,第 113－119 页。

［224］ Li J L, Lin B Q. "Ecological total-factor energy efficiency of China's heavy and light industries: Which performs better?". *Renewable and Sustainable Energy Review*,2017,72(1):83－94.

［225］ Li J L, Lin B Q. "Rebound effect by incorporating endogenous energy efficiency: A comparison between heavy industry and light industry". *Applied Energy*,

2017,200(1):347－357.

［226］ Lin B Q,Tian P. "Energy conservation in China's light industry sector: Evidence from inter-factor and inter-fuel substitution". *Journal of Cleaner Production*,2017,200(1):125－133.

［227］ Lin B Q,Tian P. "The energy rebound effect in China's light industry: A translog cost function approach". *Journal of Cleaner Production*,2016,112(1):2793－2801.

［228］ Tian P,Lin B Q. "Regional technology gap in energy utilization in China's light industry sector:Non-parametric meta-frontier and sequential DEA methods". *Journal of Cleaner Production*,2018,128(1):880－889.

［229］ Zheng Q Y,Lin B Q. "Impact of industrial agglomeration on energy efficiency in China's paper industry". *Journal of Cleaner Production*,2018,184(1):1072－1080.

［230］ Zheng Q Y,Lin B Q. "Industrial polices and improved energy efficiency in China's paper industry". *Journal of Cleaner Production*,2017,161(1):200－210.

［231］ Lin B Q,Zheng Q Y. "Energy efficiency evolution of China's paper industry". *Journal of Cleaner Production*,2017,140(1):1105－1117.

［232］ Lin B Q,Zhao H L. "Technology gap and regional energy efficiency in China's textile industry: A non-parametric meta-frontier approachl". *Journal of Cleaner Production*,2016,137(1):21－28.

［233］ Lin B Q,Chen Y,Zhang G L. "Impact of technological progress on China's textile industry and future energy saving potential forecast". *Energy*,2018,161(1):859－869.

［234］ Lin B Q,Zhao H L. "Will agglomeration improve the energy efficiency in China's textile industry:Evidence and policy implications". *Applied Energy*,2019,237(1):326－337.

［235］ 陈超凡:《中国工业绿色全要素生产率及其影响因素——基于 ML

生产率指数及动态面板模型的实证研究》,《统计研究》2016 年第 3 期,第 53 - 62 页。

[236] 李斌、彭星、欧阳铭珂:《环境规制,绿色全要素生产率与中国工业发展方式转变——基于 36 个工业行业数据的实证研究》,《中国工业经济》2016 年第 6 期,第 56 - 68 页。

[237] Chung Y H, Fare R, Grosskopf. "Productivity and undesirable outputs: A directional distance function approach". *Journal of Environmental Management*, 1997, 51(3):229 - 240.

[238] 张军、章元:《中国资本存量 K 的再估计》,《经济研究》2003 年第 5 期,第 35 - 43 页。

[239] 陈诗一:《中国工业分行业统计数据估算:1980—2008》,《经济学》(季刊)2010 年第 3 期,第 735 - 776 页。

[240] 王兵、吴延瑞、颜鹏飞:《中国区域环境效率与环境全要素生产率增长》,《经济研究》2010 年第 5 期,第 95 - 109 页。

[241] 史丹:《绿色发展与全球工业化的新阶段:中国的进展与比较》,《中国工业经济》2018 年第 10 期,第 5 - 18 页。

[242] 张明志、余东华:《新工业革命背景下"中国制造 2025"碳减排路径和产业选择》,《现代经济探讨》2016 年第 1 期,第 12 - 16 页。

后　记

　　首先感谢我的博士生导师孙振清教授。依然记得和先生第一次见面的情景，是您给了我可以继续深造的机会，为我提供了良好的科研环境和充足的资金支持，并且鼓励我出国深造、交流学习。您用每一次科学的指导、激烈的探讨和深切的关怀让我在科研路上披荆斩棘、坚定信念，最终成长蜕变。同时也要感谢我的国外导师 Knut Einar Rosendahl 教授，给我机会到挪威生命科学大学交流学习一年。在挪威学习的日子，您为我提供了良好的办公环境以及很多参与国际会议的机会，虽然您很忙，但每周仍会抽出时间和我交流，为我答疑解惑。

　　感谢我的父母对我继续读博深造的理解和支持。尤其是我在挪威学习的一整年，父母承担了太多，不仅时常忍受着思念之苦，还担心我的人身安全，直到我平安回到祖国。如果没有您的支持和鼓励，我将不能坚持到现在。感谢您对我无私的付出，默默地支持！

　　感谢天津社会科学院的院领导以及资源环境与生态研究所的牛桂敏所长和同事们的大力支持和多方面的改进建议！

　　感谢我的科研伙伴靖富营博士一直以来对我的关心，以及在科研上对我的帮助。也要感谢我的同门师弟师妹们，其中包括已经毕业的张楠、邢春、唐娜、边敏杰、刘建雅和在读的李妍、王信智、陈文倩、寇春晓、蔡琳琳、刘保留、李欢欢和鲁思思。更要感谢我在挪威学习阶段的朋友——金正大集团的高媛博士和张源硕士，有你们的陪伴，让我在挪威的日子丰富多彩。

本书为国家自然科学基金面上项目"面向普惠金融的信用信息融合与信用风险评价研究"（71874023）与重庆工商大学重点开放平台项目"限额交易和碳税规制下的企业生产与碳排放决策"（KFJJ2019055）的阶段性研究成果,感谢以上项目给予诸多的帮助。